经济管理与会计实践创新研究

吴金梅　秦静　马维宏　著

延边大学出版社

图书在版编目（ＣＩＰ）数据

经济管理与会计实践创新研究 / 吴金梅，秦静，
马维宏著. -- 延吉：延边大学出版社， 2022.7
ISBN 978-7-230-03451-7

Ⅰ. ①经⋯ Ⅱ. ①吴⋯ ②秦⋯ ③马⋯ Ⅲ. ①经济管
理－研究②会计学－研究 Ⅳ. ①F2

中国版本图书馆 CIP 数据核字(2022)第 114208 号

经济管理与会计实践创新研究

著　　者：吴金梅　秦静　马维宏
责任编辑：王宝峰
封面设计：姬　玲
出版发行：延边大学出版社
社　　址：吉林省延吉市公园路 977 号　　　邮　编：133002
网　　址：http://www.ydcbs.com　　　　　E-mail：ydcbs@ydcbs.com
电　　话：0433-2732435　　　　　　　　传　真：0433-2732434
印　　刷：三河市嵩川印刷有限公司
开　　本：787 毫米×1092 毫米　1/16
印　　张：11.75
字　　数：228 千字
版　　次：2022 年 7 月第 1 版
印　　次：2023 年 1 月第 1 次印刷
ISBN　　978-7-230-03451-7

定　　价：59.00 元

前　言

　　全球知识经济化进程的加快，对我国企业经济管理提出了新的挑战，企业要想在激烈的市场竞争中立于不败之地，就要加快改革，创新经济管理，在实践过程中发挥自身的优势。而经济管理的有效运行离不开会计，并且会计会随着经济管理的发展而发展。会计的产生和发展都与经济管理活动有关，会计在经济管理活动中处于中心地位。

　　本书主要是研究经济管理与会计实践创新，首先从企业与企业管理关系、企业管理的原理、现代企业制度入手，介绍了企业筹资管理、项目投资管理、证券投资管理、资金投资管理；其次分析了资本成本、企业资本的利益杠杆与运营风险、企业资本结构、收入管理、利润分配管理，以及改革企业经营管理模式、加强财务控制、人本管理思想在企业管理中的运用、新经济背景下企业人力资源管理创新等内容；再次深入探讨了企业管理创新理论、我国市场化改革中企业管理创新、新形势下企业经济管理的策略，以及会计目标研究评价、制定会计目标的客观依据、会计目标系统论，并说明了会计核算程序包括原始凭证、记账凭证、会计账簿、对账、错账、结账、财务处理程序与财产清查等；最后阐释了会计基本假设、会计信息质量要求、内部控制与会计信息质量、会计对象、会计要素、会计确认、会计计量等内容。在现代经济活动中，财务与会计是其重要的组成部分，在经济管理上具有重要的地位和影响。企业的财务会计要结合实际发展情况，加强理论与实践研究，强化财务会计业务，使企业财务管理发生创新性的转变。

　　在本书的策划和编写过程中参考和借鉴了众多前辈的研究成果，在此表示衷心的感谢。因时间紧迫以及本人水平有限，对一些经济管理与会计实践创新相关问题的研究不透彻，书中有疏漏是无法避免的，恳请各位专家、同行和广大读者多加批评和指正，以便我们进行修订和完善。

目 录

第一章　企业经济管理基础

第一节　企业与企业管理

一、企业的相关概念

（一）企业

企业（Enterprise）是集合土地、资本、劳动力、技术、信息等生产要素，在创造利润的动机和承担风险的环境中，有计划、有组织、有效率地进行某种事业的经济组织。为生存它必须创造利润；为创造利润它必须经受环境的考验，因此必须承担风险；为降低风险，增加利润，它必须讲求效率；为提高效率，它必须注意经营方法，进行有计划、有组织、有效的控制。

企业包括工业（Industry）、商业（Business）等行业。工业就是将原料加工，使其变换形状或性质，进而以科学的方法生产，扩展市场以达到销售的目的。商业是以营利为目的，直接或间接供应货物或劳务，以满足购买者的需要。货物包括原料、半成品、产成品，劳务则指以劳动形式为他人提供某种服务的活动。

综上所述，可将企业的含义归纳成如下几个要点：①企业是个别经济单位，或为工业，或为商业，在一定时期内，自主经营、自负盈亏。②从事经济活动，集合土地、资本、劳动力等生产要素，创造货物及劳务，以满足顾客需要。③企业是一种营利组织，其生存的前提在于"利润的创造"。

（二）企业系统

现代企业具有明显的系统特征，如整体性、相关性、目的性和动态环境适应性等。因此，也可以把企业看成一个"输入—转换—输出"的开放式循环体，如图 1-1 所示。其中，企业的输入就是企业从事生产经营活动所必需的一切要素资源，转换和输出就是企业合理地配置这些资源要素，运用物理的、化学的或生物的方法，按照预定的目标向消费者生产或提供新的产品或服务，实现物质变换和增值，满足社会需要，获得经济效益。

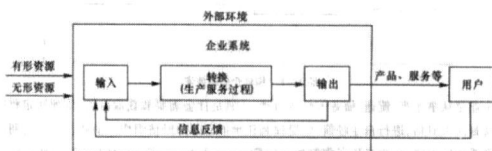

图 1-1 "输入—转换—输出"循环体

企业系统的基本资源要素主要包括人力资源、物力资源、财力资源和信息资源等。

第一，人力资源。人力资源包括机器操作人员、技术人员、管理人员和服务人员。人力资源是企业的主体和灵魂，人的素质的高低决定企业经营的成败。

第二，物力资源。物力资源包括土地资源、建筑物和各种物质要素，也就是企业生存的物质环境，主要有：机器设备、仪表、工具等劳动手段；天然资源或外购原材料、半成品或成品等劳动对象。企业的生产效率和质量在很大程度上取决于这些物质要素。

第三，财力资源。财力资源即资金，这是物的价值转化形态。资金周转状况是反映企业经营好坏的"晴雨表"。

第四，信息资源。信息资源包括各种情报、数据、资料、图纸、指令、规章制度等，它是维持企业正常运营的神经细胞，企业信息吞吐量是企业对外适应能力的综合反映，信息的时效性可以使企业获得利润或产生损失。

企业系统是由人设计和控制的系统，它是由许多子系统构成的多层、多元的大系统。

（三）企业家与资本家

企业家是指集合土地、资本和劳动力等生产要素，从事生产或分配的人。资本家是指提供生产要素"资本"的人。资本也就是为了增加收入、帮助生产的蓄积之财。

资本家与企业家不能混为一谈。在近代，管理权与所有权逐渐分离，经营企业者，不一定是出资的人，而出资的资本家也不一定实际经营企业。

二、现代企业的特征

现代企业作为企业的先进组织形式，是在社会生产力的进一步发展、企业的技术装备不断现代化的条件下产生和发展起来的，它是相对于传统企业而言的。传统企业是小规模的、由个人拥有和经营的单一单位企业。现代企业则是建立在技术现代化和管理现代化基础之上的，由一组领取薪水的高、中层经理人员管理，企业资产所有者和经营者相分离的多单位企业。现代企业具体特征如下。

（一）拥有现代化技术

现代企业采用现代机器体系和高技术含量的劳动手段开展生产经营活动，生产社会化、机械化、自动化、计算机化程度较高，并比较系统地将科学知识应用于生产经营过程中。

（二）所有者与经营者相分离

所有者与经营者相分离是现代企业产生的基础和条件。在传统企业中，由于企业规模不大，经营企业没有成为专门的技术，企业所有者即企业的经营者，直接从事企业的日常经营活动。随着公司取代工厂的地位成为现代企业的重要组织形式，由于公司资本所有权的多元化和分散化，以及公司规模的大型化和管理的复杂化，就使企业的高层管理逐渐转移到经理人员的手中。所有者的分散化引起了"股份革命"，经营者的专门化引起了"经理革命"。"股份革命"和"经理革命"打破了业主企业和合伙企业中的企业主将所有权和经营权集于一身的管理体制，创立了所有权与经营权相分离的管理体制和管理组织。

（三）经营活动的经济性和营利性

现代企业必须通过为消费者提供商品或服务，借以实现企业价值增值的目标。经济性是现代企业的显著特征。企业的基本功能就是从事商品生产、交换或提供服务，通过商品生产和交换将有限的资源转换为有用的商品和服务，以满足社会和顾客的需要。一切不具备经济性的组织都不能称为现代企业。现代企业作为一个独立的追求利润的经济组织，它是为盈利而展开商品生产、交换或从事服务活动的。盈利是企业生存和发展的基础条件，也是企业区别于其他组织的主要依据。

（四）重视员工福利和社会责任

现代企业具有公共性和社会性，要想谋求长远发展，必须得到股东、员工、顾客及社会公众的支持。因此，利润、员工福利和社会责任构成企业存续的三个基本因素。企业的一切经营活动，尤其是生产规模的扩大，无不借资金以成之，而资金最可靠的来源，就是企业的盈余。企业的利润是企业存续的第一要素。企业是生产设备和员工组成的一种经济组织，而人是机器设备的主宰者。生产效率的高低，受人为因素的影响最大。因此，现代企业为求生存，必须尊重员工的人性，重视员工的福利，以提高士气，建立互信。企业是社会的重要组成部分，若不重视社会大众的利益，甚至剥夺其利益，妨害社会安宁，污染环境，则必然遭到全社会的谴责和抵制，以致不能生存。因此，现代企业的管理者，无不重视社会责任。

三、企业的功能及强化企业管理的意义

（一）企业的功能

企业具有如下功能：①对社会慈善机构及服务机构而言，提供救济金、奖学金和各种服务基金。②对政府而言，按期纳税，执行政府的相关政策，与政府共谋经济发展。③对股东而言，报告企业的财务状况及经营情况，分配优厚而平稳的股息，保障股东投资安全。④对职工而言，提供好的工作环境和合理的工作报酬，提供适当的工作保障，重视工作的安全性，给予员工发表意见的机会。⑤对顾客而言，提供价格合理的产品或服务，源源不断地提供充足且品质良好的商品。⑥对供应商而言，创造合理的采购条件，准时支付货款。

（二）强化企业管理的意义

在宏观经济体制转变、微观管理转型的形势下，企业管理仍然处于重要的地位。

1.企业管理是企业长寿的根基，是培育企业核心竞争力的重要途径

生产经营活动是企业的基本活动，企业的主要特征是进行商品生产或提供服务。因此，生产什么样的产品，生产多少，什么时候生产，从而满足用户和市场的需求，就成为企业经营的重要指标。企业管理就是要把处于理想状态的经营目标，通过组织产品制造过程转化为现实。

2.市场力量对比的变化对企业管理提出更高的要求

在卖方市场条件下，企业是生产型管理。因为产品在市场上处于供不应求的状态，所以只要产品生产出来，就能够卖出去。企业管理关心的是如何提高生产效率，增加产量。但是，在市场经济条件下，市场变成了买方市场。在这种条件下，竞争加剧，市场对商品的要求出现多元化趋势，不但要求产品品种多、质量高，而且要求价格便宜、服务周到、交货准时。这种对产品需求的变化，无疑对企业管理提出了更高的要求。

3.企业领导角色的转化要求强化企业管理

在现代市场经济条件下，企业的高层经理人员要集中精力，做好与企业的长期发展密切相关的经营决策。这需要有一套健全有力的企业管理系统作为保证；否则，如果企业的高层经理人员将大部分精力用于日常管理活动，便难以做好企业的宏观决策。从这个意义上讲，企业管理属于企业发展的基础性工作。

第二节　企业管理的原理

一、系统原理

（一）系统的概念与特点

系统是由两个或两个以上相互区别又相互联系、相互作用的要素组成的，具有特定功能的有机整体。一般来说，系统具有整体性、相关性、目的性、层次性、环境适应性等特征。系统本身又是它从属的一个更大系统的组成部分。

从管理的角度看，系统具有以下基本特点：第一，目的性。任何系统的存在，都是为了一定的目的，为达到这一目的，必有其特定的结构与功能。第二，整体性。任何系统都不是各个要素的简单集合，而是各个要素按照总体系统的同一目的，遵循一定规则组成的有机整体。只有依据总体要求协调各要素之间的相互联系，才能使系统整体功能达到最优。第三，层次性。任何系统都是由分系统构成，分系统又由子系统构成。最下层的子系统由组成该系统基础单元的各个部分组成。第四，独立性。任何系统都不能脱离环境而孤立存在，只能适应环境。只有既受环境影响，又不受环境左右而独立存在的系统，才是具有充分活力的系统。第五，开放性。管理过程中各种因素都不是固定不变的，组织本身也在不断变革。第六，交换性。管理过程中必须不断地与外部社会环境交换能量与信息。第七，相互依存性。管理的各要素之间是相互依存的，而且管理活动与社会相关活动之间也是相互依存的。第八，控制性。有效的管理系统必须有畅通的信息与反馈机制，使各项工作能够及时有效地得到控制。

（二）企业管理系统的特点

企业管理系统是一个多级、多目标的大系统，是国民经济庞大系统的一个组成部分。企业管理系统具有以下主要特点：第一，企业管理系统具有统一的生产经营目标，即生产出适应市场需要的产品，提高经济效益。第二，企业管理系统的总体具有可分性，即将企业管理工作按照不同的业务需要可分解为若干个不同的分系统或子系统，使各个分系统、子系统互相衔接、协调，形成协同效应。第三，企业管理系统具有层次性，各层次的系统组成部分职责分明、各司其职，具有各层次功能的相对独立性和有效性；上层次功能统率其隶属的下层次功能，下层次功能为上层次功能的有效发挥起到铺垫作用。第四，企业管理系统具有相对的独立性，任何企业管理系统都处在社会经济发展的大系统之中，因此必须适应这个环境，但又要独立于这个环境，才能使企业管理系统处于良好的运行状态，达到企业管理系统的最终目的——盈利。

二、分工原理

分工原理产生于系统原理之前，其基本思想是在承认企业及企业管理是一个可分的有机系统前提下，对企业管理的各项职能与业务按照一定的标准进行适当分类，并由相应的单位或人员承担各类工作,这就是企业管理的分工原理。分工是生产力发展的要求,分工的主要好处如下:第一,分工可以提高劳动生产率。劳动分工使工人重复完成单项操作,从而提高其劳动的熟练程度,提高劳动生产率。第二,分工可以减少工作损失时间。劳动分工使工人长时间从事单一的工作项目,中间不用或减少变换工作,从而减少损失的时间。第三,分工有利于技术革新。劳动分工可以简化劳动,使劳动者的注意力集中在一种特定的对象上,有利于劳动者创造新工具,改进设备。第四,分工有利于加强管理,提高管理工作效率。泰勒的"科学管理"理论将管理业务从生产现场分离出来之后,随着现代科学技术和生产力的不断发展,管理业务得到进一步的划分,成立了相应的职能部门,配备了有关专业人员,从而提高了管理工作效率。

分工原理适用范围广泛。从整个国民经济来说,可分为工业、农业、交通运输业、邮电通信业、商业等部门。从工业部门来说,可按产品标志进行分工,设立产品专业化车间;也可按工艺标志进行分工,设立工艺专业化车间。在工业企业内部还可按管理职能不同,将企业管理业务分解为不同的类型,分别由相应的职能部门实施和完成,从而提高管理工作效率,使企业处于正常、良好的运转状态。

分工要讲究实效,要根据实际情况进行认真分析。一般企业内部分工既要职责分明,又要团结协作,在分工协作的同时又要建立必要的制约关系。分工不宜过细,界限必须清楚,才能避免推诿、扯皮现象的出现。在专业分工的前提下,按岗位要求配备相应的技术人员,是企业产品质量和工作质量得到保证的重要措施。在搞好劳动分工的同时,还应加强对职工的技术培训,以适应新技术、新方法不断发展的要求。

三、弹性原理

弹性原理,是指企业为了达到一定的经营目标,在企业外部环境或内部条件发生变化时有能力适应这种变化,并在管理上表现出灵活的可调节性。现代企业是国民经济巨系统中的一个系统,它的投入与生产都离不开国民经济这个巨大的系统;它所需要的生产要素由国民经济的各个部门投入,它所生产的产品又需要向其他部门输出。可见,国民经济巨系统是企业系统的外部环境,是企业不可控制的因素,而企业内部条件则是企业本身可以控制的因素。当企业外部环境发生变化时,企业可以通过改变内部条件适应这种变化,以保证达到既定的经营目标。

弹性原理在企业管理中应用范围广泛。如计划工作中留有余地的思想，仓储管理中保险储备量的确定，新产品开发中技术储备的构想，劳动管理中弹性工作时间的应用等。弹性原理都在管理工作中得到广泛的应用，并且取得了较好的成果。

产品价值由刚性价值与弹性价值两部分构成。形成产品使用价值所消耗的社会必要劳动量叫刚性价值。弹性价值是伴随在产品使用价值形成或实现过程中附着在产品价值中的非实物形态的精神资源，例如产品设计、制造者、销售者、商标以及企业的声誉价值等，都属于产品的弹性价值。弹性价值又称无形价值或精神价值，是不同产品的一种"精神级差"。这种"精神级差"是产品市场价值可调性的重要标准，是企业获得超额利润的无形源泉。在商品交换过程中呈弹性状态，是当今企业不断追求的目标之一。

四、效益原理

效益原理，是指企业通过加强管理工作，以尽量少的劳动消耗和资金占用，生产出尽可能多的符合社会需要的产品，不断提高企业的经济效益和社会效益。

提高经济效益是社会主义经济发展规律的客观要求，是每个企业的基本职责。企业在生产经营管理过程中，一方面要努力降低消耗、节约成本；另一方面要努力生产适销对路的产品，保证质量，增加附加值。企业应从节约和增产两个方面提高经济效益，以求得企业的生存与发展。

企业在提高经济效益的同时，也要注意提高社会效益。经济效益与社会效益是一致的，但有时也会发生矛盾。一般情况下，企业应从大局出发，满足社会效益，在保证社会效益的前提下最大限度地追求经济效益。

五、激励原理

激励原理，是指通过科学的管理方法激励人的内在潜力，使每个人都能在组织中尽其所能，展其所长，为完成组织规定的目标而自觉、努力、勤奋地工作。

人是生产力诸要素中最活跃的因素。创造团结和谐的环境，满足职工不同层次的需求，正确运用奖惩制度，实行合理的按劳分配制度，开展不同形式的劳动竞赛等，都是激励原理的具体应用。激励原理能较好地调动人的劳动热情，激发人的工作积极性，从而达到提高工作效率的目的。

激励理论主要有需求层次理论、期望理论等。严格地说，激励有两种模式，即正激励和负激励。对工作业绩有贡献的个人实行奖励，在更大程度上调动其积极性，完成更艰巨的任务，属于正激励；对由于个人原因导致工作失误且造成一定损失的人实行惩罚，迫使其吸取经验教训，做好工作，完成任务，属于负激励。在管理实践中，按照公平、公正、公开、合理的原则，正确运用这两种激励模式，可以较好地调动人的积极性，激发人的工作热情，充分挖掘人的潜力，把工作做得更好。

六、动态原理

动态原理，是指企业管理系统随着企业内外环境的变化而不断更新自己的经营观念、经营方针和经营目标。为达到此目的，必须相应改变管理方法和手段，使其与企业的经营目标相适应。企业在发展，事业在前进，要管理跟得上，关键在更新。运动是绝对的，静止是相对的，因此企业既要随着经营环境的变化，适时调整自己的经营方法，又要保持管理业务上的适当稳定，没有相对稳定的企业管理秩序，也就失去了高质量的管理基础。

在企业管理中与此相关的理论还有矛盾论、辩证法。好与坏、多与少、质与量、新与老、利与弊等都是一对矛盾的两个方面，在实际操作过程中，要运用辩证的方法，正确、恰当地处理矛盾，使其向有利于实现企业经营目标的方向转化。

七、创新原理

创新原理，是指企业为实现总体战略目标，在生产经营过程中，根据内外环境变化的实际，按照科学态度，不断否定自己，创造具有自身特色的新思想、新思路、新经验、新方法、新技术，并加以组织实施。

企业创新，一般包括产品创新、技术创新、市场创新、组织创新和管理方法创新等。产品创新主要是提高质量，扩大规模，创立名牌；技术创新主要是加强科学技术研究，不断开发新产品，提高设备技术水平和职工队伍素质；市场创新主要是加强市场调查研究，提高产品的市场占有率，努力开拓新市场；组织创新主要是企业组织结构的调整要切合发展的需要；管理方法创新主要是企业生产经营过程中的具体管理技术和管理方法的创新。

八、可持续发展原理

可持续发展原理，是指企业在整个生命周期内，要随时注意调整自己的经营策略，以适应变化的外界环境，从而使企业始终处于兴旺发达的发展阶段。现代企业家追求的目标，不是企业一时的兴盛，而是长盛不衰，这就需要按可持续发展原理，从历史和未来的高度，全盘考虑企业资源的合理安排，既要保证近期利益的获取，又要保证后续事业得到蓬勃的发展。

第三节　现代企业制度

一、现代企业制度的概念与特征

（一）现代企业制度的概念

现代企业制度是指在市场经济条件下，以规范和完善的法人制度为主体，以有限责任制度为核心，以股份有限公司为重点的产权清晰、权责明确、政企分开、管理科学的新型企业制度。

现代企业制度包括以下几层含义：

第一，现代企业制度是企业制度的现代形式。企业制度随着经济发展的不同阶段而变化，现代企业制度是从原始企业制度发展而来的，是市场经济及社会化大生产发展到一定阶段的产物。

第二，现代企业制度是由若干具体制度相互联系而构成的系统，是一种制度体系，它是由现代企业法人制度、现代企业产权制度、现代企业组织领导制度、现代企业管理制度等有机结合的统一体。

第三，现代企业法人制度是现代企业制度的基础，是企业产权的人格化。企业作为法人，有其独立的民事权利能力和民事行为能力，是独立享有民事权利和承担民事义务的主体。规范和完善的法人企业享有充分的经营自主权，并以其全部财产对其债务承担责任，而终极所有者对企业债务责任的承担仅以其出资额为限。因而，在此基础上产生了有限责任制度。我们强调建立现代企业制度，转换国有企业经营机制，实质内容之一就是在我国确立规范、完善的现代企业法人制度，使国有企业成为自主经营、自负盈亏、自我约束、自我发展的市场竞争主体，使作为终极所有者的国家承担有限责任。

第四，现代企业产权制度是现代企业制度的核心。构成产权的要素有所有权、占有权、处置权和收益权等，现代企业制度是以财产终极所有权和法人财产权的分离为前提的。现代企业产权制度就是企业法人财产权制度。在此制度下，终极所有权的实现形式主要是参与企业的重大决策，获得收益；法人企业则享有其财产的占有权、处置权等。这也是建立现代企业制度去改造我国国有企业的核心所在。因为只有建立现代企业产权制度，才能使国家公共权力与法人企业民事权利分离开来，才能使全民所有权（国家所有权）与法人企业财产权分离开来，做到真正的政企分开。

第五，现代企业制度以公司制为主要组织形式。当然，公司制是一种现代的企业组织形式，是现代企业制度的一项组成内容，而不是唯一的内容。我国建立现代企业制度主要是针对国有企业改革出现的问题而提出来的。对于国有企业改革而言，其关键在建立现代公司制度。现代公司制度的具体形式主要有股份有限公司和有限责任公司，但不是说建立了公司制就是建成了现代企业制度，因为它还有其他丰富的内容。股份有限公司和有限责任公司只是现代企业制度公司制的主要形式，不能因此而否定其他有效的形式。

（二）现代企业制度的特征

现代企业制度的基本特征概括起来就是产权明晰、权责明确、政企分开、管理科学。

1.产权明晰

产权明晰是指产权概念清晰，产权边界清晰。首先，要明确企业资产出资者的权利和责任，明确企业与其所有者之间的基本财产关系，理顺企业的产权关系。企业中的国有资产属全民所有，即国家所有，由代表国有资产所有者的政府所授权的有关机构作为投资主体，对经营性国有资产进行配置和运用；有关机构作为企业中国有资产的出资人，依法享有出资者权益,并以出资额为限承担有限责任。其次,要建立所有权与经营权科学分离的体制,建立经营权对所有权负责的体制,建立所有权对经营权监督、约束的体制。

2.权责明确

权责明确是指出资者与企业法人之间的权益、责任关系明确,并用法律和经营制度来保障。一方面,要求企业法人依法自主经营、自负盈亏,以独立的法人财产对其经营活动负责,以其全部资产对企业的债务承担责任。同时,企业法人行使法人财产权,要受到出资者所有权的约束和限制,必须依法维护出资者的权益,对所有者承担资产保值增值的责任。另一方面,应保证出资者按照投入企业的资本额享有所有者的权益,即出资者的所有权表现为以所有者的身份享有资产收益权。同时,还应明确企业内部所有者、经营者以及生产者的义务和责任,使这些利益主体之间关系分明,利益分配合理,既相互制衡,又协同一致。

3.政企分开

政企分开是指政府的职能和企业的职能分开,职能到位。政府、企业职能分开是指政府的社会经济管理职能应与国有资产所有者的职能分开,将国有资产的管理职能和运营职能分开,建立国有资产的运营与管理体系。企业作为市场活动的主体,要按照价值规律、市场经济规律的要求,自主组织生产和经营。职能到位则是指要改变政府办企业、企业办社会的管理方式,把企业目前承担的社会职能分离出来,改由政府和社会组织来承担;政府对国家经济具有宏观管理职能,但不能对企业生产经营活动进行直接干预,而只能通过经济手段、法律手段,发挥中介组织的作用,对企业的生产经营活动进行调节、引导、服务和监督;政府与企业之间不存在上下级关系,企业不存在行政级别,企业管理人员也不享受公务员待遇。

4.管理科学

管理科学是指在科学的管理思想和管理理念指导下,建立科学、完善的组织机构,并通过规范组织制度,使企业权力机构、决策机构、执行机构和监督机构之间职责明确,并形成相互制衡的关系。从社会化大生产的要求来看,企业内部应具有科学的职能管理和岗位管理制度。职能管理的内容很多,涉及生产力方面的主要有计划管理、生产管理、质量管理、设备管理、物流管理等;涉及生产关系方面的主要有劳动人事制度、现代企业财会制度、企业领导制度等。岗位管理制度是为保证各个工作岗位有条不紊地进行工作,有利于提高劳动生产率的各种规章制度。科学的企业内部岗位管理制度能使出资者、经营者和生产者的积极性都得以调动,行为都受到约束,利益都得到保障,做到出资者放心、经营者精心、生产者用心，使企业和谐稳定地不断向前发展。

二、现代企业的公司治理结构

（一）公司治理结构的内涵及要求

现代企业所有权与经营权分离的特点，要求在所有者与经营者之间形成一套相互制衡的机制，依靠这套机制对企业进行管理和控制。这套机制被称为公司治理结构，又被称为法人治理结构，也就是企业领导制度。公司治理结构是指企业工作机构的设置和企业最高权力的划分、归属、制衡和运行制度，也就是说，它是明确企业有哪些最高权力，每一种权力由谁掌管，向谁负责，如何行使以及各种权力之间的相互关系。

具体来说，公司治理结构是有关所有者、董事会和高级经理人员（执行者）以及其他利益相关者之间权力分配和制衡关系的一种制度安排，即明确界定股东大会、董事会、监事会和经理人员职责与功能的一种企业组织结构。公司治理结构其实是企业所有权安排的具体化，是有关公司控制权和剩余索取权分配的一整套法律、制度性安排，这些安排决定了公司的目标、行为，决定了公司的利益相关者在什么状态下由谁来实施控制、如何控制、风险和收益如何分配等有关公司生存和发展的一系列重大问题。所以说，公司治理结构是现代公司运行和管理的基础，在很大程度上决定了企业的效率。良好的公司治理结构可以激励董事会和经理层通过更有效地利用资源去实现那些符合公司和股东利益的奋斗目标。

公司治理结构的要求是：首先要给经营者足够的控制权，使其自由经营管理公司，发挥其职业企业家的才能；其次要完善激励与约束机制，保证经营者能从股东利益出发，而不是从个人利益出发来行使权力；最后要保证股东自由买卖股票，使股东充分独立于职业企业家，给投资者以流动性的权力，充分发挥开放公司的关键性优势。当然，这些标准在实际执行中很难完全实现，因为它们常常是相互冲突和矛盾的。而公司治理结构就是要在各利益相关者的权益和利益的矛盾中寻求动态平衡。

（二）公司治理结构的内容

1.公司治理结构的组织形式

公司治理结构坚持决策权、执行权、监督权三权分立的原则，由此形成了股东大会、董事会、监事会和经理层的"三会一层"的组织结构。

2.各机构的职责及相互关系

（1）股东大会

股东大会是公司的最高权力机构。国家授权投资的机构和国家授权的部门以及其他出资者，选派代表参加股东大会并依法行使权力。股东大会的职权包括以下几方面：①人事权。股东大会选举和更换由非职工代表担任的董事与监事，并且决定他们的报酬事项。②重大事项决策权。如批准和修改公司章程，批准公司的财务预算、决策方案，决定公司的投资计划等。③收益分配权。股东大会批准公司的利润分配方案和亏损弥补方案。④股东财产处置权。如公司增加或减少注册资本，公司的合并、分立、解散或破产清算等涉及股东财产的重大变动，需由股东大会作出决议。股东大会从资产关系上对公司的董事会形成必要的制约。

（2）董事会

董事会是公司的经营决策机构，对外代表公司，由公司董事组成。按照《中华人民共和国公司法》规定，有限责任公司的董事会由3～13人组成，但股东人数较少或者规模较小的有限责任公司，可以设一名执行董事，不设董事会。股份有限公司的董事会由5～19人组成。董事人选通常由股东推荐，经股东大会选举产生。《中华人民共和国公司法》还特别规定，国有独资公司、国有控股公司以及两个以上的国有企业或者两个以上的其他国有投资主体投资设立的有限责任公司，其董事会的成员中应当有公司职工代表，职工代表由公司职工通过职工代表大会、职工大会或者其他形式民主选举产生。董事会设董事长1人，副董事长若干人。董事长、副董事长的产生办法由公司章程规定；股份有限公司的董事长、副董事长由董事会全体董事的过半数选举产生。

董事会对股东大会负责，执行股东大会的决议。董事会的主要职权包括以下几个方面：①对公司的经营作出决策，如经营计划、投资方案等。②决定公司内部管理机构的设置和基本管理制度。③制订公司的年度财务预算、决策方案、利润分配方案和亏损弥补方案，以及公司增减注册资本和发行公司债券方案等。④决定聘任或者解聘公司经理及其报酬事项，并根据经理的提名决定聘任或者解聘公司副经理、财务负责人及其报酬事项。

董事会实行集体决策，一般采取每人一票和简单多数通过的原则。每个出席董事会的董事应当在会议记录上签名并对董事会的决议承担责任。董事会决议违反法律法规或公司章程，致使公司遭受严重损失的，参与决策的董事对公司负赔偿责任。但在表决时曾表明异议并记录在案的，可免除责任。

（3）监事会

监事会是公司的监督机构，成员一般不少于 3 人。监事会可由股东代表和一定比例的职工代表组成，职工代表由公司职工通过职工代表大会、职工大会或者其他形式民主选举产生。监事会的主要职责有以下两方面：①对公司董事、经理执行公司职务时违反法律法规或公司章程的行为进行监督，当发现其行为损害公司利益时，要求董事和经理予以纠正，必要时可向股东大会报告，提议召开临时股东大会，提出解决办法。②检查公司的财务。为保证监督的独立性，公司的董事、经理及财务负责人一律不得兼任监事。

（4）总经理

总经理依照公司章程和董事会授权，负责公司的日常生产经营和管理工作。总经理由董事会聘任或解聘，对董事会负责。总经理的职责有以下几方面：①组织执行董事会决议。②组织实施公司年度经营计划和投资方案。③总经理提请董事会聘任或解聘公司副总经理和财务负责人，直接聘任或解聘应由董事会决定聘任或者解聘以外的负责管理人员。公司总经理可以从外部聘任，也可经公司董事会决定由董事成员兼任。

公司治理结构的各部分之间的相互关系是很密切的，它作为联结并规范所有者（股东）、支配者（董事）、监督者（监事）、经营管理者（经理）等相互权力和利益关系的制度安排，是为了处理好股东大会、董事会、监事会和经理层之间的关系，在股东大会、董事会、监事会和经理层之间建立相互制衡的有效运行机制。股东大会对董事会是一种委托代理关系，董事会对总经理是一种授权经营关系，而监事会有各自不同的职权。有效的治理结构可以保证企业权能在四者之间合理分配，形成权责分明、相互制衡、运行合理、管理科学的公司治理结构。

（三）公司治理结构的原则

在世界经济全球化迅速发展的今天，国际企业的联合、重组、投资的范围和规模越来越大。为此，出现了 OECD（经济合作与发展组织）推出的《OECD 公司治理原则》：①公司治理结构框架应保护股东的权利。②公司治理结构框架应确保所有股东，包括小股东和外国股东在内的全体股东受到平等对待。如果其权利受到损害，应有机会得到有效补偿。③公司治理结构框架应确认利益相关者的合法权利，并且鼓励公司和利害相关者在创造效益和工作机会以及为保持企业良好财务状况方面积极地进行合作。④公司治理结构框架应保证及时准确地披露与公司有关的任何重大问题，包括财务状况、经营状况、所有权状况和公司治理状况的信息。⑤治理结构框架应确保董事会对公司的战略性指导和对管理人员的有效监督，并确保董事会对公司的股东负责。这些公司治理结构的原则总结了状况良好的公司治理所必备的共同要素。

三、我国现代企业制度的发展趋势

（一）更新旧观念，树立新观念

建立和完善现代企业制度是我国企业改革的方向。因此，在思想上要更新旧观念，树立新观念，勇于创新。

第一，用生产力标准作为衡量各项改革措施的标准。现代企业制度的建立，使我国国有企业从原来的体制中解脱出来，转变成适应市场经济需要，能够在市场竞争中求生存、求发展的独立市场主体。在这个转变过程中，要求人们不能简单地或单一地用生产关系作为判断标准，而要大胆探索，突破影响生产力发展的体制性障碍，建立和完善现代企业制度。

第二，树立"吸收世界文明，共享人类精神财富"的观念。现代企业制度是市场经济和社会化大生产发展的必然要求，是人们在经济实践活动中总结出来的成果，具有科学性。因此在我国建立和完善社会主义市场经济体制、发展市场经济的过程中，可以借鉴、吸收，为我所用。

（二）总结经验，进一步深化国有企业改革

第一，按照有关规定，要建立健全责权统一、运转协调、有效制衡的公司法人治理结构，需要对大中型国有企业进行规范的公司制改革，对少数国家垄断经营的企业可改制为国有独资公司，而对其他大中型国有企业可通过规范上市、中外合资、相互参股等形式，逐步改制为多元持股的有限责任公司或股份有限公司。

第二，建立分工明确的国有资产管理、经营和监督体制，使国有资产出资人尽快到位，授权有条件的国有企业或国有资产经营公司行使出资人职能，强化对国有资产经营主体的外部监督。

第三，深化企业内部改革，强化科学管理，建立健全行之有效的激励机制和约束机制。

（三）积极推进配套改革

配套改革包括进行宏观经济管理、市场体系、社会保障体系等方面的综合性的配套改革。

第一，政企职责分开。促进政府职能转变，是建立现代企业制度的关键。政府要从直接干预企业经营活动，转向运用经济手段、法律手段和必要的行政手段管理国民经济，制定经济和社会发展目标，引导企业实施产业政策。

第二，大力培育市场，建立完备的市场体系。建立完备的市场体系包括理顺价格关系，以法律法规的形式规范各类市场的经营交易规则和程序，建立相应的市场管理、协调及监督组织，建立与完善产权交易市场、生产资料市场和劳动力市场。

第三，建立与完善社会保障体系，为企业深化改革和劳动力自主流动创造条件。比较完善的社会保障制度是实行现代企业制度的基础，因为只有建立统一的社会保障制度，才能突破各类不同产业、不同企业及不同身份职工之间的界限，保证企业或职工在同等外部条件下公平竞争。

第二章 企业投资管理

第一节 筹资管理

筹资活动是企业根据生产经营、对外投资和调整资本结构等活动对资金的需要，选择适当的方式，取得所需要资金的行为。通过筹资活动，企业取得投资和日常生产经营活动所需的资金，从而使企业投资、生产经营活动能够顺利进行。

一、筹资管理工作要点

（一）预测资金需要量

企业在开展筹资活动之前，需要科学合理地预测其未来一定时期内所需要的资金数量，即预测资金需要量，从而保证筹集的资金既能满足生产经营需要，又不会有过多闲置。在预测资金需要量时，企业应根据实际情况选择合适的预测方法，综合考虑经营规模、利息率、对外投资额、信用状况等因素，做到预测的资金需要量科学、准确、合理。

预测资金需要量比较常用的方法有因素分析法、销售百分比法和资金习性预测法，具体见表 2-1。

表 2-1　资金需要量预测方法

预测方法	预测原理	预测公式
因素分析法	以有关项目基期年度的平均资金需要量为基础,根据预测年度的生产经营任务和资金周转加速度的要求进行分析调整,从而预测资金需要量	资金需要量=（基期资金平均占用额－不合理资金占用额）×（1±预测期销售增减率）×（1±预测期资金周转速度变动率）
销售百分比法	根据某些资产和负债与销售额存在稳定的百分比关系,通过预计销售增长情况预测资金需求增长额,再扣除利润留存后,预测所需要的外部筹资额	外部融资需求量=（随销售变动的敏感性资产与销售额的关系百分比－随销售变动的敏感性负债与销售额的关系百分比）×销售变动额－销售净利率×利润留存率×预测期销售额
资金习性预测法	根据资金的变动同产销量变动之间的依存关系这一资金习性,预测外来资金需要量	回归直线方程：$y=a+bx$。式中,因变量 y 为资金占用量；自变量 x 为产销量；a 为不变资金；b 为单位产销量所需变动资金

（二）选择筹资渠道

筹资渠道是指筹集资金来源的方向与通道,体现了资金的源泉和流量。从筹资来源的角度看,企业筹资渠道可分为内部渠道和外部渠道。内部筹资主要指企业日常生产经营过程中,在维持原有经营规模的前提下所形成的利益积累,即通过利润留存形成筹资来源。外部筹资是指企业向外部筹措资金而形成的筹资来源。企业主要筹资渠道具体如图 2-1 所示。

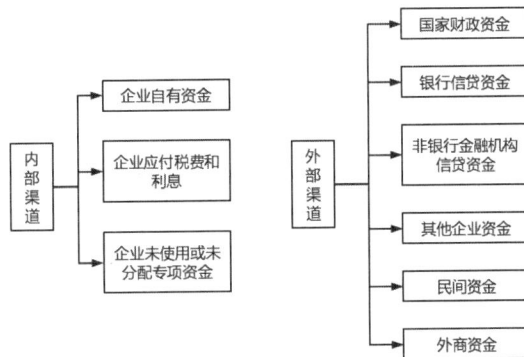

图 2-1　企业主要筹资渠道

企业内部筹资渠道具有保密性好、风险小的优点，一般没有筹资费用。企业外部筹资渠道则具有速度快、弹性大、资金量大的优点，但缺点是保密性差、风险较大、筹资成本也较高。企业在进行筹资决策时，应综合考虑自身实际以及外部资本市场的变化情况，选择合适的筹资渠道。

（三）确定筹资方式

筹资方式是指企业筹集资金所采取的具体方式，不同筹资渠道的资金可以通过不同的筹资方式取得。一般来讲，企业主要的筹资方式有三种，即债务筹资、股权筹资和混合筹资。企业在进行筹资决策时，可综合权衡筹资风险和收益，选择不同的筹资方式组合，达到企业筹资目的。具体的筹资方式如图 2-2 所示。

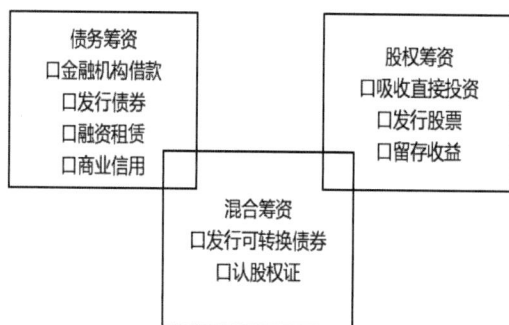

图 2-2　企业主要筹资方式

各种筹资方式在资金成本、筹资风险、灵活性、方便程度、筹资期限、使用限制方面的比较，如图 2-3 所示。

资金成本	低	商业信用	银行借款	发行债券	融资租赁	发行股票	高
筹资风险	小	发行股票	商业信用	融资租赁	发行债券	银行借款	大
灵活性	大	商业信用	银行借款	融资租赁	发行债券	发行股票	小
方便程度	易	商业信用	融资租赁	银行借款	发行债券	发行股票	难
筹资期限	短	商业信用	银行借款	发行债券	融资租赁	发行股票	长
使用限期	小	发行股票	发行债券	银行借款	商业信用	融资租赁	大

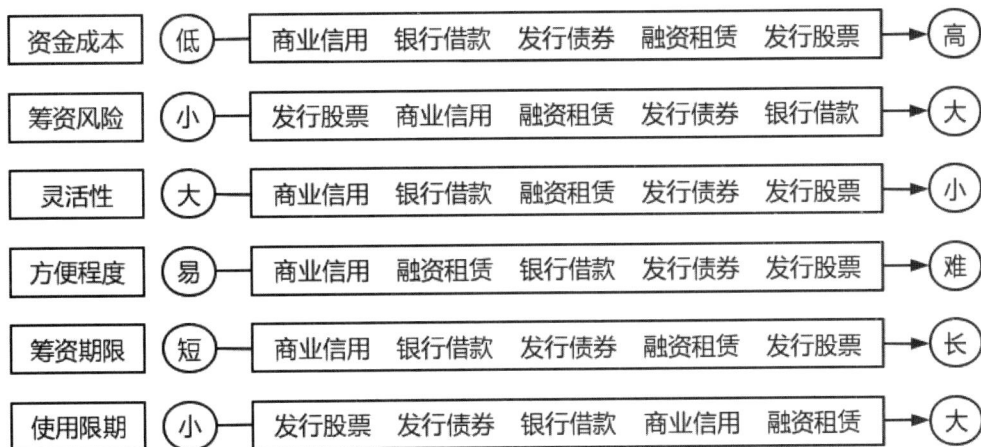

图 2-3　筹资方式比较

（四）计量资本成本

企业作为筹资者，从各种渠道、利用各种筹资方式筹集所需资金，都需要为取得资本使用权而付出一定的代价，资本成本即企业筹集和使用资金所付出的代价。

准确计量资本成本能够为企业选择筹资渠道和筹资方式、做出筹资决策提供客观依据。在计量资本成本时，可从绝对数和相对数两个角度来考虑。

1.资本成本绝对数

从绝对数来看，资本成本包括筹资费用和占用费用，计算公式为：

$$资本成本＝筹资费用＋占用费用$$

公式中，筹资费用包括借款手续费、股票/债券发行费、评估费、公证费、律师费、广告费等；占用费用包括利息支出、股利支出、租金支出等。

2.资本成本相对数

从相对数来看，资本成本可用资本成本率来表示，在不考虑货币时间价值时，其计算公式为：

$$资本成本率＝\frac{年资金占用费}{筹资总额－筹资费用}＝\frac{年资金占用费}{1－筹资费用率}$$

企业筹资的资本成本，需要通过资金使用所取得的收益与报酬来补偿，资本成本率即企业使用资金所要求达到的最低投资报酬率。在各种筹资方式对企业控制权的影响、对投资者的吸引力、筹资方便程度、筹资风险等因素相同的条件下，企业应选择资本成本率最低的筹资方式。

（五）优化资本结构

长期负债和权益资本构成了企业的资本结构，各种不同的筹资方式组合决定了企业的资本结构及其变化。总的来看，企业通过不同筹资方式筹集到的资金分为债务资本和权益资本两大类。一般情况下，债务资本与权益资本相比，其资本成本较低，但其财务风险比权益资本要大一些。优化资本结构，即要求企业在进行筹资决策时，权衡负债的低资本成本和高财务风险关系，确定合理的资本结构。

企业在进行资本结构决策时，应计算和比较各种可能的筹资组合方案的平均资本成本，选择平均资本成本率最低的筹资方案，从而确定企业筹资相对最优的资本结构。平均资本成本是指在多种筹资方式下的综合资本成本，是对各项个别资本成本率进行加权平均而得到的总资本成本率，其计算公式为：

$$K_w = \sum_{j=1}^{n} K_j W_j$$

公式中，K_w 为平均资本成本；K_j 为第 j 种个别资本的资本成本率；W_j 为第 j 种个别资本占全部资本的比重。

由此可见，企业改变资本结构时，其平均资本成本也会随之改变。增加债务资本的权重，会使平均资本成本降低，但同时会提高企业的财务风险。因此，企业在进行筹资决策时，应考量适度负债，选择资本成本最小化的资本结构。

二、筹资管理工具

（一）筹资预算表

筹资预算表如表 2-2 所示。

表 2-2　筹资预算表

项目	序号	上年数	本年增加数	本年减少数	年末预算	筹资费用
筹资合计	1					
一、负债筹资	2					
（一）长期借款	3					
其中：银行借款	4					
非银行金融机构借款	5					
（二）债券筹资	6					
（三）融资租赁	7					
（四）其他	8					
二、股权筹资	9					
其中：股票筹资	10					
三、其他筹资	11					

（二）筹资计划表

筹资计划表如表 2-3 所示。

表 2-3　筹资计划表

筹资金额		筹资用途	
筹资方式		筹资时机	
预计筹资成本			
偿债计划安排			
筹资对公司财务状况的影响			
筹资方式比较及建议			
具体筹资实施方案			

（三）筹资审批单

筹资审批单（以银行借款筹资方式为例）如表 2-4 所示。

表 2-4　筹资审批单

时间		申请部门	
经办人		部门负责人	
筹资方式	□银行借款□融资租赁□发行债券 □增发新股□其他		
筹资用途			
筹资金额			
筹资银行			
筹资利率			
偿还款项来源			
财务总监审核			
总经理审核			
董事长审批			

第二节　项目投资管理

投资活动，是指企业为获取未来长期收益而向一定对象投放资金的经济行为，是企业筹资活动的延续，也是筹资的重要目的之一。投资活动作为企业的一种营利活动，对于筹资成本补偿和企业利润创造，具有举足轻重的意义。

一、投资项目现金流量分析

现金流量，是指一个投资项目所引起的企业现金支出和现金收入增加的数量，包括现金流出量、现金流入量和现金净流量三个概念。所谓现金，不仅包括库存现金、银行存款等货币性资产，还包括非货币性资产（如厂房、设备、原材料等）的变现价值。现金流量可按照投资项目的整个生命周期进行归属，具体如图 2-4 所示。

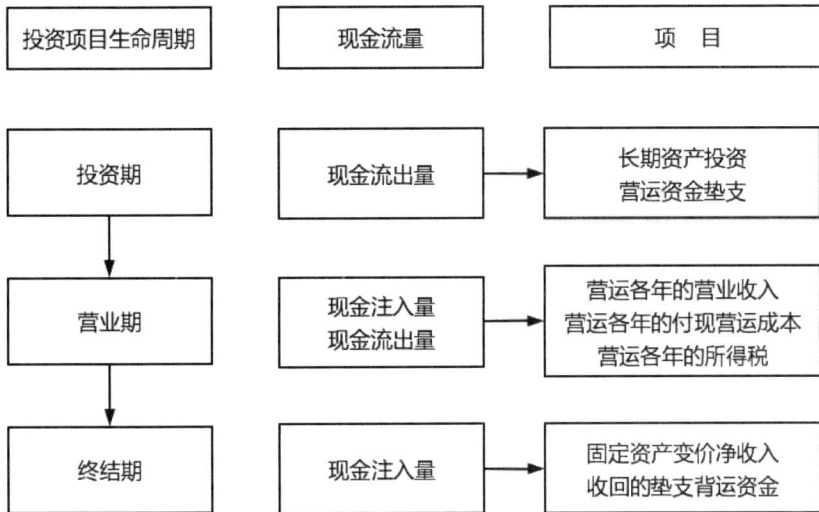

投资项目生命周期	现金流量	项 目
投资期	现金流出量	长期资产投资 营运资金垫支
营业期	现金注入量 现金流出量	营运各年的营业收入 营运各年的付现营运成本 营运各年的所得税
终结期	现金注入量	固定资产变价净收入 收回的垫支营运资金

图 2-4　投资项目各阶段的现金流量

（一）投资期的现金流量

投资阶段的现金流量主要是现金流出量，即在该投资项目上的原始投资，包括长期资产投资（如固定资产的购置成本、运输费、安装费等）和营运资金垫支（即投资项目形成生产能力后，需要追加投入的日常营运资金）。

（二）营业期的现金流量

营业阶段的现金流量既有现金流入量，也有现金流出量。现金流入量主要指营运各年的营业收入，现金流出量主要指营运各年的付现营运成本和所得税。因此，投资项目正常营运阶段所获得的营业现金净流量为：

营业现金净流量＝营业收入－付现成本－所得税

（三）终结期的现金流量

投资项目终结阶段的现金流量主要为现金流入量，包括固定资产退出生产经营的变价净收入和收回的项目开始时垫支的营运资金。

二、投资项目财务评价指标

企业进行投资决策时，需要采用一些专门的财务评价指标和方法对投资项目进行分析和评价。比较常用的财务评价指标有净现值、年金净流量、现值指数、内含报酬率和回收期，具体如表 2-5 所示。

表 2-5　投资项目财务评价指标

评价指标	内涵	公式	评价原理
净现值（NPV）	一个投资项目未来现金净流量现值与原始投资额现值之间的差额为净现值	净现值＝未来现金净流量现值－原始投资额现值	其他条件相同时，净现值越大，投资项目越好。若净现值大于或等于零，说明项目的投资回报率高于或刚好达到所要求的报酬率，项目可行
年金净流量（ANCF）	投资项目期间内全部现金净流量总额（未来现金净流量与原始投资额的差额）的总现值或总终值折算为等额年金的平均现金净流量	年金净流量＝现金净流量总现值/年金现值系数＝现金净流量总终值/年金终值系数	比较两个以上期限不同的投资项目时，年金净流量越大，项目越好。年金净流量指标的结果大于零，说明每年平均的现金流入能抵补现金流出。投资项目的净现值或净终值大于零，投资回报率大于预期报酬率，项目可行
现值指数（PVI）	投资项目的未来现金净流量现值与原始投资额现值之比	现值指数＝未来现金净流量现值/原始投资额现值	其他条件相同时，现值指数越大，投资项目越好。现值指数大于或等于1，说明项目的投资报率高于或等于预期报酬率，项目可行
内含报酬率（IRR）	对投资项目未来的每年现金净流量进行贴现，使所得现值恰好与原始投资额现值相等，从而使净现值等于零时的贴现率	未来每年现金净流量相等时：内含报酬率＝未来每年现金净流量×年金现值系数－原始投资额现值=0；未来每年现金净流量不相等时：采用逐次测试法	先计算净现值为零时（以预期投资回报率作为贴现率）的年金现值系数，再找出相应的贴现率，即为投资项目的内含报酬率。内含报酬率大于预期投资回报率，则项目可行

评价指标	内涵	公式	评价原理
回收期（PP）	投资项目未来现金净流量等于原始投资额时所经历的时间为回收期	未来每年现金净流量相等时：静态回收期＝原始投资额/每年现金净流量； 未来每年现金净流量不相等时，根据累计现金流量来确定回收期，设 M 是收回原始投资的前一年： 静态回收期＝M+第 M 年的尚未收回额/第 M+1 年的现金净流量	其他条件相同时，投入资本收回的时间越短，即回收期越短，则投资项目越好

由表 2-5 可知，对投资项目进行财务评价时，现金流量是主要的分析对象，净现值、现值指数、内含报酬率、回收期等财务指标均以现金流量为基础。企业在进行投资决策时，投资项目的现金流量状况比盈亏状况更重要。因此，判断投资项目是否可行、有无经济上的效益，应重点关注项目能否带来正现金流量，即整个项目能否获得超过项目投资的现金回收。

三、项目投资方案决策方法

项目投资，是指将现金直接投放于生产经营实体性资产，以形成生产能力的投资，如购置设备、建造工厂等。项目投资方案一般分为独立投资方案和互斥投资方案两种。独立投资方案是指两个或两个以上项目互不依赖、可以同时并存；互斥投资方案是指方案之间相互排斥、不能并存。

企业在进行项目投资决策时，可以运用财务评价指标，在各个项目投资方案中进行对比和择优选择，从而做出投资决策。项目投资方案不同，其适用的评价指标也不尽相同，具体如图 2-6 所示。

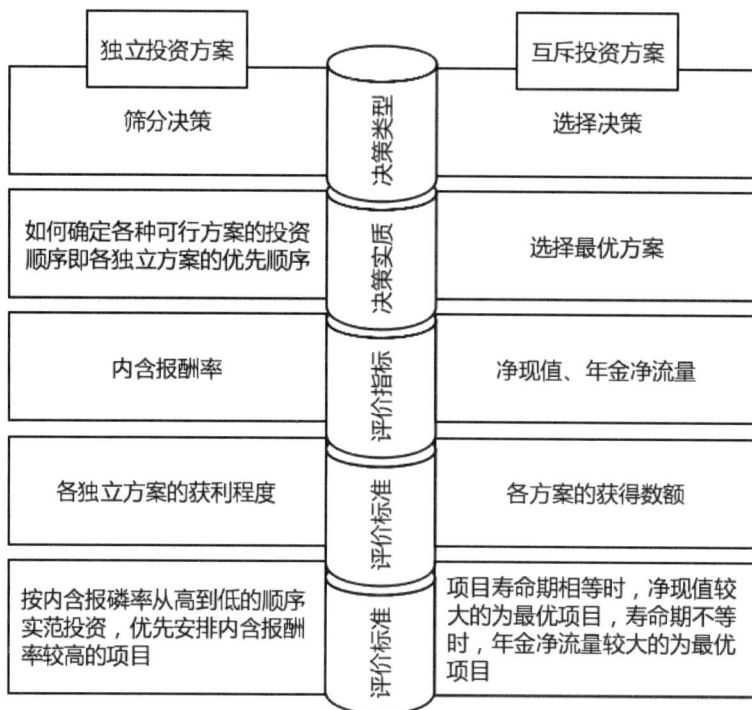

图 2-6　项目投资方案决策方法

四、固定资产投资项目管理

固定资产反映了企业的生产经营能力，固定资产更新决策是项目投资决策的重要组成部分。所谓固定资产投资，是指建造和购置固定资产的经济活动，即固定资产再生产活动，主要包括固定资产更新（局部更新和全部更新）、改建、扩建、新建等。固定资产投资项目管理一般包括如图 2-7 所示的六个部分。

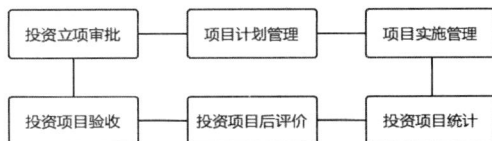

图 2-7 固定资产投资项目管理

第一，投资立项审批。投资立项审批包括编制项目建议书，开展项目可行性研究、环境影响评价及其他专项评估，履行相关审批手续等。

第二，项目计划管理。拟订和下达项目实施计划，与项目承担单位签订项目责任书。

第三，项目实施管理。项目承担单位按照批准的项目实施计划和具体实施方案实施项目，企业项目归口管理单位对项目实施过程进行跟踪、督促和协调，企业其他各单位密切配合项目实施工作。

第四，投资项目验收。投资项目验收包括项目财务验收、项目档案验收及项目整体竣工验收等。

第五，投资项目后评价。投资项目后评价包括项目全过程的回顾、项目绩效和影响评价、项目目标实现程度和持续能力评价、经验教训和对策建议等。

第六，投资项目统计。投资项目统计包括投资项目基本情况统计、单项工程统计、项目投资完成情况统计、项目费用统计、项目资金来源情况统计等。

五、证券投资风险收益评估

证券投资是指企业以金融资产（如股票、债券、基金及其衍生证券等）为对象进行投资，从而获得投资收益或达到特定经营目的的一种投资行为。企业进行证券投资决策，一般会从证券投资的风险和收益两方面进行评价。表 2-6 中对债券投资和股票投资的风险、收益进行具体分析。

表 2-6　债券和股票投资风险收益分析

证券分类	债券	股票
基本要素	票面价值、票面利率、债券价格、偿还期限	股票面值、股票市值、股权、股息、红利
估价基本模型	$$V_b = \sum_{t=1}^{n} \frac{I_t}{(1+R)^t} + \frac{M}{(1+R)^n}$$ 公式中，V_b 表示债券价值；I 表示债券各期利息；M 表示债券面值；R 表示估价时所采用的贴现率，即所期望的最低投资报酬率	$$V_s = \sum_{t=1}^{\infty} \frac{D_t}{(1+R_s)^t}$$ 公式中，V_s 表示股票价值；D_t 表示股票各期股利（t 为期数）；R_s 表示估价时所采用的贴现率，即所期望的最低收益率
证券分类	债券	股票
收益来源	①名义利息收益；②利息再投资收益；③价差收益	①股利收益；②股利再投资收益；③转让价差收益
投资风险	①系统性风险（价格风险、再投资风险、购买力风险等）；②非系统性风险（违约风险、变现风险、破产风险等）	

第三节　证券投资管理

一、证券投资概述

　　企业除了直接将资金投入生产经营活动进行直接投资外，常常还将资金投放于有价证券进行证券投资。证券投资相对于项目投资而言，变现能力强，少量资金也能参与投资，便于随时调用和转移资金，这为企业有效利用资金，充分挖掘资金的潜力提供了十分理想的途径，所以证券投资已经成为企业投资的重要组成部分。

　　（一）证券的概念及特点

　　证券是指具有一定票面金额，代表财产所有权和债权，可以有偿转让的凭证，如股票、债券等。证券具有流动性、收益性和风险性三个特点：①流动性又称变现性，是指证券可以随时抛售取得现金。②收益性是指证券持有者凭借证券可以获得相应的报酬。证券收益一般由当前收益和资本利得构成。以股息、红利或利息所表示的收益称为当前收益。由证券价格上升（或下降）而产生的收益（或亏损）称为资本利得或差价收益。③风险性是指证券投资者达不到预期的收益或遭受各种损失的可能性。证券投资既有可能获得收益，也有可能带来损失，具有很强的不确定性。流动性与收益性往往成反比，而风险性则一般与收益性成正比。

（二）证券投资的概念和目的

证券投资是指企业为获取投资收益或特定经营目的而买卖有价证券的一种投资行为。不同企业进行证券投资的目的各有不同，但总的来说有以下几个方面。

第一，充分利用闲置资金，获取投资收益。企业正常经营过程中有时会有一些暂时多余的资金闲置，为了充分有效地利用这些资金，可购入一些有价证券，在价位较高时抛售，以获取较高的投资收益。

第二，为了控制相关企业，增强企业竞争能力。企业有时从经营战略上考虑需要控制某些相关企业时，可通过购买该企业的大量股票，从而取得对被投资企业的控制权，以增强企业的竞争能力。

第三，为了积累发展基金或偿债基金，满足未来的财务需求。企业若考虑在将来扩建厂房或归还到期债务，可按期拨出一定数额的资金投入一些风险较小的证券，以便到时售出，满足所需的整笔资金的需求。

第四，满足季节性经营对现金的需求。季节性经营的公司在某些月份资金有余，而有些月份则会出现短缺，因此可在资金剩余时购入有价证券，短缺时则售出。

二、证券投资的种类

（一）证券的种类

1.按证券体现的权益关系分类

证券按体现的权益关系分类，可分为所有权证券、信托投资证券和债权证券，所有权证券是一种既不定期支付利息，也无固定偿还期的证券，它代表着投资者在被投资企业所占权益的份额，在被投资企业盈利且宣布发放股利的情况下，才可能分享被投资企业的部分净收益，股票是典型的所有权证券。信托投资证券是由公众投资者共同筹集、委托专门的证券投资机构投资于各种证券，以获取收益的股份或收益凭证，如投资基金。债权证券是一种必须定期支付利息，并要按期偿还本金的有价证券，各种债券如国库券、企业债券、金融债券等都是债权证券。所有权证券的投资风险要大于债权证券。投资基金的风险低于股票投资而高于债券投资。

2.按证券的收益状况分类

证券按收益状况分类，可分为固定收益证券和变动收益证券。固定收益证券是指在证券票面上规定有固定收益率，投资者可定期获得稳定收益的证券，如优先股股票、债券等。

变动收益证券是指证券票面无固定收益率，其收益情况随企业经营状况而变动的证券。变动收益证券风险大，投资报酬也相对较高；固定收益证券风险低，投资报酬也相对较低。

3.按证券发行主体分类

证券按发行主体可分为政府证券、金融证券和公司证券三种。政府证券是指中央或地方政府为筹集资金而发行的证券，如国库券等；金融证券是指银行或其他金融机构为筹集资金而发行的证券；公司证券又称企业证券，是工商企业发行的证券。

4.按证券到期日的长短分类

证券按到期日的长短可分为短期证券和长期证券。短期证券是指一年内到期的有价证券，如银行承兑汇票、商业本票、短期融资券等。长期证券是指到期日在一年以上的有价证券，如股票、债券等。

（二）证券投资的分类

1.债券投资

债券投资是指企业将资金投入各种债券，如国债、公司债和短期融资券等。相对于股票投资，债券投资一般风险较小，能获得稳定收益，但要注意投资对象的信用等级。

2.股票投资

股票投资是指企业购买其他企业发行的股票作为投资，如普通股、优先股股票。股票投资风险较大，收益也相对较高。

3.组合投资

组合投资是指企业将资金同时投放于债券、股票等多种证券，这样可分散证券投资风险。组合投资是企业证券投资的常用投资方式。

4.基金投资

基金就是投资者的钱和其他许多人的钱合在一起，然后由基金公司的专家负责管理，用来投资于多家公司的股票或者债券。基金按收益凭证是否可赎回分为封闭式基金与开放式基金。封闭式基金在信托契约期限未满时，不得向发行人要求赎回；而开放式基金就是投资者可以随时要求基金公司收购所买基金（即赎回），当然目标应该是卖出价高于买入价，同时在赎回的时候，要承担一定的手续费。而投资者的收益主要来自基金分红。与封闭式基金普遍采取的年终分红有所不同，根据行情和基金收益状况的不定期分红是开放式基金的主流分红方式。基金投资由于由专家经营管理，风险相对较小，正越来越受到广大投资者的青睐。

三、证券投资的一般程序

第一，合理选择投资对象。能否合理选择投资对象是证券投资成败的关键，企业应根据一定的投资原则，认真分析投资对象的收益水平和风险程度，以便合理选择投资对象，将风险降低到最低限度，并取得较好的投资收益。

第二，委托买卖。由于投资者无法直接进场交易，买卖证券业务需委托证券商代理。企业可通过电话委托、计算机终端委托、递单委托等方式委托券商代为买卖有关证券。

第三，成交。证券买卖双方通过中介券商的场内交易员分别出价委托，若买卖双方的价位与数量合适，交易即可达成，这个过程叫成交。

第四，清算与交割。企业委托券商买入某种证券成功后，即应解缴款项，收取证券。清算即指证券买卖双方结清价款的过程。交割指券商向企业交付证券而企业向券商支付价款的过程。

第五，办理证券过户。证券过户只限于记名证券的买卖业务。当企业委托买卖某种记名证券成功后，必须办理证券持有人的姓名变更手续。

第四节　债券、股票和基金投资管理

一、债券投资管理

（一）债券投资概述

1.债券投资的概念

债券投资是指投资者通过购入债券以取得债券利息的投资行为。债券的借贷双方的权利义务关系含义：第一，发行人是借入资金的经济主体；第二，投资者是出借资金的经济主体；第三，发行人需要在一定时期内还本付息；第四，反映了发行人和投资者之间的债权与债务关系，而且是这一关系的法律凭证。

2.债券的特点

①偿还性。偿还性是指债券有规定的偿还期限，债务人必须按期向债权人支付利息和偿还本金。②流动性。流动性是指债券持有人可按自己的需要和市场的实际状况，转让出债券收回本金。债券流动性首先取决于市场为转让债务所提供的便利程度；其次取决于债券在迅速转变为货币时，是否在以货币计算的价值上蒙受损失。③安全性。债券持有人的收益相对稳定，不随发行人经营收益的变动而变动，并且可按期收回本金。④收益性。债券能为投资者带来一定的收入。

（二）债券价值的确认

1.债券价值确认的基本原理

债券价值即债券投资价值，是投资者投资债券后预期可获得的现金流入的现值，是投资者进行投资可以接受的最高价格。债券投资的现金流入包括债券利息和债券到期时收回的本金或出售时获得的现金两部分，求债券价值就是求债券利息和本金的现值；如果债券不打算持有到期而中途转让，则债券投资的现金流入包括债券利息和转让价格，求债券价值就是求债券利息和转让价格的现值。

由此可见，债券价值的计算原理与债券发行价格的计算原理差不多，都是求现值，其现金流入主要是利息和本金。二者的区别在于以下两个方面：一方面，现金流入性质不一样。债券发行价格是站在发行人的角度，发行人在未来要支付利息和本金，主要是现金流出，因而求债券发行价格就是求未来现金流出的现值。债券价值是站在投资者的角度，投资者未来要获得利息收入及收回本金，主要是未来现金流入，因而求债券价值是求未来现金流入的现值。另一方面，求现值用到的折现率不一样。债券发行价格用的是市场利率，也就是债券发行人的实际资本成本率，或者是债券投资者的实际收益率。债券价值用的是投资者要求的必要报酬率，即投资者期望达到的一个最低收益率，它可以是市场利率或者行业平均收益率或者企业期望的收益率。

一般情况下，只有当债券价值高于购买价格时，投资者才购买债券。因为价值是未来的现金流入，而价格是现金流出，现金流入大于现金流出，净现值大于零，具有财务可行性，所以只有当债券价值高于购买价格时，投资者才购买债券。

2.不同种类债券价值的确认

投资者进行债券投资，其主要目的是获取利息收入，计息方式不同，债务价值的具体计算也有所不同。债券按计息方式可分为单利债券、复利债券和贴现债券。单利债券是指按单利计息，即只对本金计息的债券。复利债券是指按复利计息，即对本金和本金所产生的前期利息计算的债券。贴现债券是指以低于面值的价格发行，债务发行价格与票面金额之差相当于预先支付的利息，债券期满时按面值偿付的债券。

（1）到期还本、分期付息债券价值的确认

债券持有到期时的价值计算公式为：

$$P = M \times i \times (P/A, \ K, \ n) + M \times (P/F, \ K, \ n)$$

式中，P 为债券价值；M 为债券面值；i 为债券票面利率；K 为折现率；n 为付息期数。如果债券发生中途转让，其价值就是转让之前所获利息收益现值与转让价格现值之和。

（2）到期一次还本付息且不计复利的债券价值的确认

债券持有到期时的价值计算公式为：

$$P = M \times (1 + i \times n) \times (P/F, \ K, \ n)$$

如果债券发生中途转让，则投资者只能获得一笔转让价格收入，因而求其价值就是求中途转让价格的价值。

（3）贴现债券价值的确认

由于贴现债券的未来现金流入只有一笔债券面值，所以求其价值就是求到期面值的现值。该债券持有到期时的价值计算公式为：

$$P = M(P/F, \ K, \ n) = \frac{M}{(1+K)^n}$$

3.债券投资收益的计算

收益的高低是影响债券投资的主要因素，债券投资收益有绝对数和相对数两种表达方式。在财务管理中，通常用相对数即收益率来表示债券投资收益，收益率通常有票面收益率、直接收益率、持有期收益率和到期收益率之分。只有投资债券的实际收益率高于投资者要求的最低报酬率时，企业才进行债券投资。

（1）票面收益率

票面收益率又叫作名义收益率，是印制在债券票面上的固定利率，通常指债券年利息收入与债券面值的比率。其计算公式为：

$$票面收益率 = \frac{债券年利息收}{债券面值} \times 100\%$$

如果投资者在债券发行日以面值购入债券并持有到期，则其投资收益率与票面收益率相等。

（2）直接收益率

直接收益率又称为本期收益率，是指债券年利息收入与债券买入价格的比率。其计算公式为：

$$直接收益率 = \frac{债券年利息}{债券买入价格} \times 100\%$$

直接收益率反映的是投资者的投资成本所带来的收益。

（3）持有期收益率

持有期收益率是指投资者在买入债券并持有一段时间，在债券到期前将其出售而得到的收益率。它包括持有债券期间的利息收入和资本损益。

（4）到期收益率

到期收益率是指企业购入债券后持有到期所获得的收益率。按照企业购入债券至持有到期的时间是否超过一年，到期收益率可分为短期债券到期收益率和长期债券到期收益率。计算长期债券到期收益率时，需要考虑资金时间价值。

短期债券到期收益率。短期债券是指从购入至持有到期的时间不超过一年的债券。在计算短期债券到期收益率时不需要考虑资金时间价值。

长期债券到期收益率。长期债券是指从购入至持有到期的时间超过一年的债券。计算长期债券的到期收益率时，需要考虑资金时间价值。其计算原理与短期债券持有期收益率的计算原理相同，即计算现金流入等于现金流出的折现率。需要注意的是，持有期收益率的未来现金流入是未来利息收入和债券卖出价格，而到期收益率的未来现金流入是未来利息收入和本金收回。

二、股票投资管理

（一）股票投资概述

1.股票与股票投资的概念

股票是指股份有限公司为了筹集自有资金而发行的代表所有权的有价证券。购买股票是企业投资的一种重要方式。股票投资的目的主要有两个：一是获利，即作为一般的证券投资，获取股利收入及股票买卖差价；二是控股，即通过购买某一企业的大量股票达到控制该企业的目的。

2.股票投资的特点

股票投资和债券投资都属于证券投资。总的来说，证券投资与其他投资一样，具有高风险、高收益、易于变现的特点。但股票投资相对于债券投资而言又具有以下特点。

第一，股票投资是权益性投资。股票投资与债券投资虽然都是证券投资，但它们投资的性质不同。股票投资是权益性投资，股票是代表所有权的凭证，持有人作为发行公司的股东，有权参与公司的经营决策。

第二，投票投资的风险高。投资者购买股票后，不能要求股份有限公司偿还本金，只能在证券市场上转让股票。因此，股票投资者至少面临两个方面的风险：一是由于股票发行公司经营不善所形成的风险；二是由于股票市场价格变动所形成的价差损失风险。

第三，股票投资的收益高。由于投资的高风险性，股票作为一种收益不固定的证券，其收益率一般高于债券的收益率。

第四，股票投资的收益不稳定。股票投资的收益主要是公司发放的股利和股票转让的价差收益，相对于债券而言，其稳定性较差。

第五，股票价格的波动性大。股票价格既受到发行公司经营状况的影响，又受到股市投机等因素的影响，波动性极大。

（二）股票价值的确认

1.股票价值确认的基本原理

股票价值，即股票投资价值，是投资者投资股票后预期现金流入的现值。股票给持有者带来的未来现金流入包括股利收入和出售股票的收入两个部分。其价值计算基本公式为：

$$P = \sum_{t=1}^{n} \frac{R_t}{(1+K)^t}$$

公式中 P 代表股票价值；R_t 代表股票第 t 年的现金流入量（包括股利收入、出售股票的收入）；K 代表股票折现率；n 代表股票持有年限。

股票价值的计算原理与现金流量折现法确定股票发行价格的计算原理差不多，都是求现值，但在流量性质及折现率的选取上有区别。

同债券一样，一般情况下，只有当股票价值高于股票购买价格时，股票才值得购买。

2.不同种类股票价值的确认

（1）零增长股票价值的确认

零增长股票即每期股利是固定的股票，其价值计算公式为：

$$P = \frac{D}{K}$$

公式中 D 代表每期固定的股利。优先股的股利也是固定的，其价值计算也用这一公式。

（2）固定增长股票价值的确认

如果企业发行的股票按固定比率增长，则该股票称为固定增长股票，其价值计算公式为：

$$P = \frac{D_1}{K-g}$$

公式中 D_1 代表第一年的股利；g 代表每年固定的增长率。

（3）阶段性增长股票价值的确认

阶段性增长股票价值的确认总的来说就是分段计算现值，然后求和。如对于前一阶段是非固定增长的，后一阶段是固定增长的股票，其价值计算公式如下：

$$P = \sum_{t=1}^{n} \frac{D_t}{(1+K)^t} + \frac{D_n(1+g)}{K-g} \times (P/F, \ n)$$

公式中，D_t 代表第 t 年的股利。

（4）中途转让股票价值的确认

若中途转让股票，未来现金流入不仅有股利，转让时还有转让价格收入。因此，它的价值是以投资者必要投资利润率为折现率的未来股利收益和未来卖出价格收入的现值，计算公式如下。

$$P = \frac{P_n}{(1+K)^n} + \sum_{t=1}^{n} \frac{D_t}{(1+K)^t}$$

公式中 P_n 代表股票卖出价格。

（三）股票投资收益的计算

股票投资收益通常用相对数（即收益率）来表示。股票收益率主要有直接收益率、持有期收益率等。

1.直接收益率

直接收益率是指股票的年现金股利与本期股票价格的比率，其计算公式为：

$$直接收益率 = \frac{股票的年现金股利}{本期股票价格} \times 100\%$$

公式中，股票的年现金股利指发放的上年每股股利；本期股票价格指该股票在当日证券市场上的收盘价。

2.持有期收益率

持有期收益率是指投资者买入股票持有一定时期后又卖出该股票，在投资者持有该股票期间的收益率，它反映了股东持有股票期间的实际收益情况。

①短期股票投资持有期收益率。如投资者持有股票时间不超过一年，不考虑复利计息问题，其持有期收益率可按如下公式计算：

$$持有期收益率 = \frac{[股票年股利+（股票卖出价格-股票买入价格）]/持有年限}{购买价格} \times 100\%$$

②长期股票投资持有期收益率。如投资者持有股票的时间超过一年，需要按每年复利一次考虑资金时间价值，其持有期年均收益率的基本计算原理为：

$$P = \frac{P_n}{(1+K)^n} + \sum_{t=1}^{n} \frac{D_t}{(1+K)^t}$$

通过此公式，运用逐步测试法，倒推出股票折现率 K，K 就是所求持有期收益率。

三、基金投资管理

（一）基金投资的含义

基金投资，是一种利益共享、风险共担的集合证券投资方式，即通过发行基金股份或收益凭证等有价证券聚集众多的不确定投资者的出资，并交由专业投资机构经营运作，以规避投资风险并谋取投资收益的证券投资方式。

（二）投资基金的种类

1.根据组织形式的不同分类

根据组织形式的不同，投资基金可分为契约型基金和公司型基金两种。

（1）契约型基金

契约型基金又称为单位信托基金，是指把受益人（投资者）、管理人、托管人三者作为基金的当事人，由管理人与托管人通过签订信托契约的形式发行受益凭证而设立的一种基金。契约型基金由基金管理人负责管理操作；由基金托管人作为基金资产的名义持有人，负责基金资产的保管和处置，对基金管理人的运作头行监督。

（2）公司型基金

公司型基金是指按照公司法以公司形态组成的一种基金。它以发行股份的方式募集资金，一般投资者购买该公司的股份即为认购基金，也就成为该公司的股东，凭其持有的基金份额依法享有投资收益。

（3）契约型基金与公司型基金的比较

①资金的性质不同。契约型基金的资金是信托财产，公司型基金的资金为公司法人的资本。

②投资者的地位不同。契约型基金的投资者购买收益凭证后成为基金契约的当事人之一，即受益人；公司型基金的投资者购买基金公司的股份后成为该公司的股东，以股

息或红利形式取得收益。因此，契约型基金的投资者没有管理基金资产的权利，而公司型基金的投资者通过股东大会和董事会享有管理公司基金的权利。

③基金的运营依据不同。契约型基金依据信托契约运营基金，公司型基金依据基金公司章程来运营基金。

2.根据变现方式的不同分类

根据变现方式的不同，投资基金可分为封闭式基金和开放式基金两种。

（1）封闭式基金

封闭式基金是指基金的发起人在设立基金时，限定了基金单位的发行总额，筹集到这个总额后，基金即宣告成立，并进行封闭，在一定时期内不再接受新的投资。基金单位的基金流通采取在交易所上市的办法，通过二级市场进行竞价交易。

（2）开放式基金

开放式基金是指基金的发起人在设立基金时，基金份额总规模不固定，可视投资者的需求，随时向投资者出售基金份额，并可应投资者要求赎回发行在外的基金份额的一种基金运作方式。投资者也可根据市场状况和各自的投资决策，要求发行机构按现期净资产值扣除手续费后赎回股份或收益凭证，或者再买入股份或收益凭证，增加基金单位份额的持有比例。

（3）封闭式基金与开放式基金的比较

①期限不同。封闭式基金通常有固定的封闭期。开放式基金没有固定的封闭期，投资者可随时向基金管理人赎回股份或收益凭证。

②基金单位的发行规模要求不同。封闭式基金在招募说明书中列明其基金规模，开放式基金没有发行规模限制。

③基金单位转让方式不同。封闭式基金的基金单位在封闭期内不能要求基金公司赎回；开放式基金的投资者则可以在首次发行结束一段时间（多为三个月）后，随时向基金管理人或中介机构提出购买或赎回申请。

④基金单位的交易价格的计算标准不同。封闭式基金的交易价格受市场供求关系的影响，并不必然反映公司的净资产值；开放式基金的交易价格则取决于基金每单位资产净值的大小，不直接受市场供求关系的影响。

⑤投资策略不同。封闭式基金的基金单位数不变，资本不会减少，因此基金可用于长期投资。开放式基金因基金单位可随时赎回，为应付投资者随时赎回兑现，基金资产不能全部用来投资，更不能把全部资本用于长期投资，因此必须保持基金资产的流动性。

3.根据投资标的的不同分类

根据投资标的的不同,投资基金可分为股票基金、债券基金、货币基金、期货基金、期权基金、认股权证基金、专门基金等。

（1）股票基金

股票基金是所有基金品种中最为流行的一种投资基金,它是指投资于股票的投资基金,其投资对象通常包括普通股和优先股,其风险程度比个人投资股票市场的风险程度要小得多,且具有较强的变现性和流动性,因此它也是一种比较受欢迎的基金。

（2）债券基金

债券基金是指投资管理公司为稳健型投资者设计的,投资于政府债券、市政公债、企业债券等各类债券品种的投资基金。债券基金一般情况下是定期派息,其风险和收益水平通常比股票基金的风险和收益水平低。

（3）货币基金

货币基金是指由货币存款构成投资组合,协助投资者参与外汇市场投资,赚取较高利息的投资基金。其投资工具包括银行短期存款、国库券、市政公债、公司债券、银行承兑票据和商业票据等。这类基金的投资风险低,投资成本低,安全性和流动性高,在整个基金市场上属于低风险的安全基金。

（4）期货基金

期货基金是指投资于期货市场以获取较高投资回报的投资基金。由于期货市场具有高风险和高回报的特点,因此投资期货基金既可能获得较高的投资收益,又面临着较高的投资风险。

（5）期权基金

期权资金是指以期权作为主要投资对象的投资基金。期权交易是指期权购买者向期权出售者支付一定的费用后,取得在规定时期内的任何时候,以事先确定好的协定价格,向期权出售者购买或出售一定数量的某种商品合约的权利的一种买卖。

（6）认股权证基金

认股权证基金是指以认股权证为主要投资对象的投资基金。认股权证是指由股份有限公司发行的、能够按照特定的价格,在特定的时间内购买一定数量该公司股票的选择权凭证。由于认股权证的价格是由公司的股份决定的,一般来说,认股权证的投资风险比通常的股票投资的风险要高得多。因此,认股权证基金也属于高风险基金。

（7）专门基金

专门基金是由股票基金发展演化而成的投资基金，属于分类行业股票基金或次级股票基金。它包括黄金基金、资源基金、科技基金、地产基金等。专门基金的投资风险较高，收益水平易受到市场行情的影响。

（三）基金单位价值

基金单位价值是指在基金投资上所能带来的现金净流量。它取决于目前能给投资者带来的现金流量，用基金的净资产价值来表达，这与债券、股票等证券的价值确定依据不同，债券和股票的价值取决于未来的现金流量而不是现在的现金流量。

基金单位净值是指在某一时点每一基金单位（或基金股份）所具有的市场价值，是基金净资产价值总额与基金单位总份额的比率，其计算公式如下：

$$基金单位净值 = \frac{基金净资产价值总额}{基金单位总份额}$$

公式中：基金净资产价值总额=基金资产总额－基金负债总额。

在基金净资产价值总额的计算中，基金的负债除了以基金名义对外融资借款以外，还包括应付给投资者的分红基金、应付给基金经理公司的首次认购费、经理费用等各项基金费用。由于基金的负债金额相对固定，基金净资产的价值主要取决于基金资产总额。这里的基金资产总额并不是指资产总额的账面价值，而是指资产总额的市场价值。

开放式基金的柜台交易完全以基金单位净值为基础，通常采用认购价格（卖出价格）和赎回价格（买入价格）两种报价形式，二者的计算公式分别为：

基金认购价格=基金单位净值+首次认购费

基金赎回价格=基金单位净值－基金赎回费

第三章　企业资本成本与结构管理

第一节　资本成本

一、资本成本的作用

（一）资本成本的概念、内容和属性

1.资本成本的概念

所谓资本成本，实际上是企业筹集和使用资本而付出的代价。例如，筹资企业向银行支付的借款利息和向股东支付的股利等。这里的资本是指企业所筹集的长期资本，主要包括股权资本和长期债权资本。

从投资者的角度看，资本成本也是投资者要求的必要报酬或最低报酬。在市场经济条件下，资本是一种较为特殊的商品，企业通过各种筹资渠道，采用各种筹资方式获得的资本往往都是有偿的，需要承担一定的成本。

2.资本成本的内容

（1）用资费用

企业在生产经营和对外投资活动中，因使用资本而进行承付的费用称为用资费用。例如，向债权人支付的利息，向股东分配的股利等。用资费用是资本成本的主要内容。长期资本的用资费用是经常性的，并随使用资本数量的多少和时期的长短而变动，因而属于一种变动性资本成本。

（2）筹资费用

企业在筹集资本活动中为获得资本而付出的费用就是筹资费用。例如，向银行支付

的借款手续费，因发行股票、债券而支付的发行费用等。筹资费用与用资费用不同，它通常是在筹资时一次全部支付，在获得资本后的用资过程中不再发生，因而属于固定性的资本成本。筹资费用可视为对筹资额的一项扣除。

3.资本成本的属性

作为企业的一种成本，资本成本既有一般商品成本所具有的基本属性，又有不同于一般商品成本的某些特性。在企业正常的生产经营活动中，一般商品的生产成本是其生产所耗费的直接材料、直接人工和制造费用之和，对于这种商品的成本，企业须从其收入中予以补偿。

资本成本也是企业的一种耗费，也须由企业的收益补偿，但它是为获得和使用资本而付出的代价，通常并不直接表现为生产成本。此外，产品成本需要计算实际数，而资本成本只要求对预测数或估计数进行一定的计算。

资本成本与货币的时间价值两者之间既有联系，又有区别。货币的时间价值是资本成本的基础，而资本成本既包括货币的时间价值，又包括投资的风险价值。因此，在有风险的条件下，资本成本也是投资者要求的必要报酬率。

（二）资本成本率的种类

所谓资本成本率，实际上是指企业用资费用与有效筹资额之间的具体比率，通常用百分比来表示。一般而言，资本成本率具体包括下列几类。

1.个别资本成本率

个别资本成本率，实际上就是指企业各种长期资本的成本率，如股票资本成本率、债券资本成本率、长期借款资本成本率。企业在针对各种筹资方式进行比较时，需要对个别资本成本率予以使用。

2.综合资本成本率

综合资本成本率，主要是指企业全部长期资本的成本率。当企业在对长期的资本结构进行相关决策时，就可以对综合资本成本率进行合理的利用。

3.边际资本成本率

边际资本成本率指的是企业追加长期资本的成本率。当企业在进一步追加筹资方案的相关选择过程中，就需要对边际资本成本率进行一定的运用。

（三）资本成本的作用

在企业筹资管理中,资本成本是一个重要的概念,国际上将其视为一项"财务标准"。资本成本对于企业筹资管理、投资管理,乃至整个财务管理和经营管理都有着十分重要的作用。

1.资本成本是选择筹资方式、进行资本结构决策和选择追加筹资方案的依据

第一,企业选择筹资方式的依据主要是个别资本成本率。企业长期资金的筹集往往有多种筹资方式可供选择,包括长期借款、发行债券、发行股票等。这些长期筹资方式的个别资本成本率的高低不同,可作为比较选择各种筹资方式的一个依据。

第二,企业进行资本结构决策的依据就是综合资本成本率。企业的全部长期资本通常是由多种长期资本筹资类型的组合而构成的。企业长期资金的筹集有多个组合方案,不同筹资组合的综合资本成本率的高低,可以用来比较各个筹资组合方案,进而对资本结构作出相应的决策。

第三,比较选择追加筹资方案的依据是边际资本成本率。企业为了扩大生产经营规模,往往需要追加筹资。不同追加筹资方案的边际资本成本率的高低,可以作为比较选择追加筹资方案的一个依据。

2.资本成本是评价投资项目、比较投资方案和进行投资决策的经济标准

对于一个投资项目而言,只有当其投资收益率比其资本成本率高的时候,在经济上才是较为合理的;否则,该项目将无利可图,甚至会发生亏损。

因此,国际上通常将资本成本率视为一个投资项目必须赚得的"最低报酬率"或"必要报酬率",或视为是否采纳一个投资项目的"取舍率",作为比较、选择投资方案的一个经济标准。

在进一步评价分析企业投资的过程中,可以将资本成本率作为折现率,用于测算各个投资方案的净现值和现值指数,以更好地比较、选择投资方案,进行投资决策。

3.资本成本可以作为评价企业整个经营业绩的基准

企业全部投资的利润率可以进一步衡量企业的整个经营业绩,并可与企业全部资本的成本率相比较,如果利润率高于成本率,可以认为企业经营有利;反之,如果利润率低于成本率,则可认为企业经营不利,业绩不佳,需要对企业的经营管理做相应的改善,使企业全部资本的利润率有所提高,并进一步降低成本率。

二、个别资本成本率的测算

（一）个别资本成本率的测算原理

一般而言，个别资本成本率主要是企业资本占用费与有效筹资额的相关比率。通常按年进行计算，其基本的测算公式如下：

$$K = \frac{D}{P-f} \times 100\%$$

或

$$K = \frac{D}{P(1-F)} \times 100\%$$

公式中，K 为资本成本率，以百分率表示；D 为用资费用；P 为筹资额；f 为筹资费用额；F 为筹资费用率，即筹资费用额与筹资额的比率。

由此可见，个别资本成本率的高低取决于三个因素，即用资费用、筹资费用和筹资额，现说明如下：

第一，用资费用是决定个别资本成本率高低的一个主要因素。在其他两个因素不变的情况下，某种资本的用资费用大，其成本率就高；反之，用资费用小，其成本率就低。

第二，筹资费用也是影响个别资本成本率高低的一个因素。一般而言，发行债券和股票的筹资费用较大，故其资本成本率较高；而其他筹资方式的筹资费用较小，故其资本成本率较低。

第三，筹资额是决定个别资本成本率高低的另一个主要因素。在其他两个因素不变的情况下，某种资本的筹资额越大，其成本率越低；反之，筹资额越小，其成本率越高。

此外，对公式 $K = \frac{D}{P-f}$ 及其分母 $P-f$ 还需说明以下三点：

首先，筹资费用是一次性费用，属于固定性资本成本。它不同于经常性的用资费用，后者属于变动性资本成本。因此，不可将 $K = \frac{D}{P-f}$ 写成 $K = \frac{D-f}{P}$。

其次，筹资费用是筹资时即支付的，可视作对筹资额的一项扣除，即筹资净额或有效筹资额为 $P-f$。

最后，用公式 $K = \dfrac{D}{P-f}$ 而不用 $K = \dfrac{D}{P}$，表明资本成本率与利息率在含义上和数量上的差别。例如，借款利息率是利息额与借款筹资额的比率，它只含有用资费用，即利息费用，但不考虑筹资费用，即借款手续费。

在对货币的时间价值和投资风险进行充分考虑的情况下，个别资本成本率还可采用折现模型来进一步估算。对此，下文将结合债权资本成本率和股权资本成本率的测算加以说明。

（二）长期债权资本成本率的测算

对于长期债权资本成本率而言，一般主要分为长期借款资本成本率和长期债券资本成本率两种。根据《中华人民共和国企业所得税法》的规定，企业债务的利息允许从税前利润中扣除，从而可以抵免企业所得税。因此，企业实际负担的债权资本成本率应当考虑所得税因素，即：

$$K_d = R_d(1-T)$$

公式中，K_d 为债权资本成本率，亦可称税后债权资本成本率；R_d 为企业债务利息率，亦可称税前债权资本成本率；T 为企业所得税税率。

在企业债券筹资实务中，可能会出现一些较为复杂的情况，如债券利息的计算次数、债券面值与债券到期值不一致，由于企业信用或债券等级不同从而导致债权人风险不同等，这就需要根据具体情况对其资本成本率进行测算。

1.长期借款资本成本率的测算

企业长期借款资本成本率可按下列公式测算：

$$K_l = \frac{I_l(1-T)}{L(1-F_l)}$$

公式中，K_l 为长期借款资本成本率；I_l 为长期借款年利息额；L 为长期借款筹资额，即借款本金；F_l 为长期借款筹资费用率，即借款手续费率；T 为所得税率。

相对而言，企业借款的筹资费用很少，可以忽略不计。这时，长期借款资本成本率可按下式测算：

$$K_l = R_1(1-T)$$

公式中，R_1 为借款利息率。在借款合同附加补偿性余额条款的情况下，企业可动用的借款筹资额应扣除补偿性余额，这时借款的实际利率和资本成本率将会上升。

2.长期债券资本成本率的测算

企业债券资本成本中的利息费用也在所得税前列支，但发行债券的筹资费用一般较高，应对其进行一定的考虑。债券的筹资费用即发行费用，包括申请费、注册费、印刷费、上市费以及推销费等，其中有的费用按一定的标准支付。

此外，债券的发行价格一般是确定实际发行价格的基础，还要结合发行公司自身的信誉情况，包括等价、溢价和折价发售，债券价格与面值有时会出现不一致的情况。因此，债券的资本成本率的测算与借款有所不同。

在对货币时间价值不进行考虑的时候，长期债券资本成本率可按下列公式进行测算：

$$K_b = \frac{I_b(1-T)}{B(1-F_b)}$$

公式中，K_b 为债券资本成本率；B 为债券筹资额，按发行价格确定；F_b 为债券筹资费用率，I_b 为债券利息。

（三）股权资本成本率的测算

如果按照企业股权资本的种类进行分类，股权资本成本率主要包括普通股资本成本率、优先股资本成本率和留用利润资本成本率等。根据《中华人民共和国个人所得税法》的相关规定，企业须以税后利润向股东分派一定的股利，所以股权资本成本没有抵税利益。

1.普通股资本成本率的测算

如果按照资本成本率实质上就是投资必要报酬率的思路来说，那么普通股的资本成本率就是普通股投资的必要报酬率。其测算方法主要包括股利折现模型、资本资产定价模型和债券收益率加风险报酬率三种。

（1）股利折现模型

股利折现模型的基本形式如下：

$$P_c = \sum_{t=1}^{\infty} \frac{D_t}{(1+K_c)^t}$$

公式中，P_c 为普通股融资净额，即发行价格扣除发行费用；D_t 为普通股第 t 年的股利；K_c 为普通股投资必要报酬率，即普通股资本成本率。

运用上述模型测算普通股资本成本率，因具体的股利政策而有所不同：

①如果企业采用固定股利政策，即每年分派现金股利 D 元，则资本成本率可按下式测算：

$$K_c = \frac{D}{P_c}$$

②如果企业采用固定增长股利的政策，股利固定增长率为 G，则资本成本率可按下式测算：

$$K_c = \frac{D_1}{P_c} + G$$

（2）资本资产定价模型

资本资产定价模型的含义可以简单地描述为：普通股股票的预期收益率等于无风险利率加上风险补偿（也称风险溢价或市场风险报酬率）。用公式表示如下：

$$K_c = R_f + \beta\left(R_m - R_f\right)$$

公式中，R_f 为无风险报酬率；R_m 为证券市场的平均报酬率；β 为某种股票风险对证券市场风险的敏感程度。

在对无风险报酬率、市场报酬率和某种股票的值确定以后，就可以进一步测算该股票的必要报酬率，即资本成本率。

（3）债券收益率加风险报酬率

一般而言，从投资者的角度，股票投资的风险高于债券。因此，股票投资的必要报酬率可以在债券利率的基础上再加上股票投资高于债券投资的风险报酬率。这种测算方法比较简单，但主观判断色彩较为浓厚。

2.优先股资本成本率的测算

优先股通常有固定的股利，企业利用优先股筹资需花费发行费用，因此优先股资本成本率的测算类似于普通股。测算公式具体如下：

$$K_p = \frac{D_p}{P_p}$$

公式中，K_p 为优先股资本成本率；D_p 为优先股每股年股利；P_p 为优先股筹资净额，即发行价格扣除发行费用。

3.留用利润资本成本率的测算

企业税后利润形成了企业的留用利润（或留存收益），这是属于股权资本的。从表面上看，企业留用利润并不花费什么资本成本。实际上，股东愿意将其留用于企业而不作为股利取出投资于别处，总是要求获得与普通股等价的报酬。

因此，留用利润也有一定的资本成本，不过是一种机会资本成本。留用利润资本成本率的测算方法与普通股基本上是相同的，只是对于筹资费用并不进行考虑。

非股份制企业，其股权资本成本率的测算与普通股、优先股和留用利润成本率的测算有所不同，主要包括两个方面：一是关于非股份制企业的投入资本筹资协议约定了固定的利润分配比例，这类似于优先股，但不同于普通股；二是非股份制企业的投入资本及留用利润不能在证券市场上交易，无法形成公平的交易价格，因而也就难以预计其投资的必要报酬率。

三、综合资本成本率的测算

（一）决定综合资本成本率的因素

所谓的综合资本成本率，实际上是指一个企业全部长期资本的成本率，通常是以各种长期资本的比例为权重，对个别资本成本率进行加权平均来测算的，故亦称加权平均资本成本率。因此，综合资本成本率是由两个因素决定的，分别是个别资本成本率和各种长期资本比例。

当个别资本成本率不变时，如果资本结构中成本率较高资本的比例上升，则综合资本成本率提高；反之，如果成本率较低资本的比例上升，则综合资本成本率降低。因此，在个别资本成本率一定的条件下，综合资本成本率的高低是由各种长期资本比例，即资本结构所决定的。

（二）综合资本成本率的测算方法

根据决定综合资本成本率的因素，在已测算个别资本成本率并取得各种长期资本比例后，可按下列公式测算综合资本成本率：

$$K_w = K_l W_l + K_b W_b + K_p W_P + K_c W_c + K_r W_r$$

公式中，K_w 为综合资本成本率；K_l 为长期借款资本成本率；W_l 为长期借款资本比例；K_b 为长期债券资本成本率；W_b 为长期债券资本比例；K_p 为优先股资本成本率；W_b 为优先股资本比例；K_c 为普通股资本成本率；W_c 为普通股资本比例；K_r 为留用利润资本成本率；W_r 为留用利润资本比例。上式可做一个简列的公式，如下所示：

$$K_w = \sum_{j=1}^{n} K_j W_j$$

公式中，K_w 为综合资本成本率；K_j 为第 j 种资本成本率；W_j 为第 j 种资本比例，且式中 $\sum_{j=1}^{n} W_j = 1$。

（三）综合资本成本率中资本价值基础的选择

在对企业综合资本成本率进行测算时，资本结构或各种资本在全部资本中所占的比例起着重要的决定作用。企业各种资本的比例取决于各种资本价值的确定。各种资本价值的确定基础主要有账面价值、目标价值和市场价值三种，这里主要讲账面价值与目标价值。

1.账面价值

账面价值是企业财务会计所提供资料的一个基础。财务会计通过资产负债表可以详细提供以账面价值为基础的资本结构资料，这也是企业筹资管理的一个主要依据。

另外，使用账面价值确定各种资本比例的优点是易于从资产负债表中取得这些资料，容易进行计算。其主要缺陷是资本的账面价值可能不符合市场价值，如果资本的市场价值已经脱离账面价值许多，采用账面价值作基础确定资本比例就会失去客观性，从而不利于综合资本成本率的测算和筹资管理的决策。

2.目标价值

按目标价值确定资本比例，实际上是指证券和股票等以企业预计的未来目标市场价值对资本比例进行确定，从而测算综合资本成本率。就企业筹资管理决策的角度而言，对综合资本成本率的一个基本要求是，它对于企业未来的目标资本结构应该能够适用。

一般认为，采用目标价值确定资本比例，能够使期望的目标资本结构要求予以明确的体现。但资本的目标价值难以客观确定，因此通常应选择市场价值确定资本比例。在企业筹资实务中，目标价值虽然有许多优点，但仍有不少企业更愿意采用账面价值确定资本比例，因其在使用过程中较为便捷。

由此可见，在个别资本成本率一定的情况下，企业综合资本成本率的高低主要由资本结构所决定，这是进行资本结构决策的一个原理。

第二节 企业资本的杠杆利益与风险

一、营业杠杆利益与营业风险

（一）营业杠杆原理

1.营业杠杆的概念

营业杠杆，具体是指企业在经营活动中对营业成本中固定成本的相关利用。企业营业成本按其与营业总额的依存关系可分为变动成本和固定成本两部分：①变动成本是指随着营业收入总额的变动而变动的成本；②固定成本是指在一定的营业收入规模内，其总额不受营业收入总额变动的影响而保持相对固定不变的成本。

企业可以通过扩大营业收入总额而降低单位营业收入的固定成本，从而增加企业的营业利润，如此就形成企业的营业杠杆。企业利用营业杠杆，有时可以获得一定的营业杠杆利益，有时也承受着相应的营业风险，即遭受损失。

2.营业杠杆利益分析

营业杠杆利益，具体是指在企业进一步扩大营业收入总额的条件下，单位营业收入的固定成本下降，从而给企业增加一定的息税前利润。

在企业一定的营业规模下，变动成本随着营业收入总额的增加而增加，固定成本则不随营业收入总额的增加而增加，而是保持固定不变。随着营业额的不断增加，单位营业收入所负担的固定成本会相对减少，从而在一定程度上为企业带来额外的利润。

3.营业风险分析

营业风险，是指与企业经营有关的风险，尤其是指企业在经营活动中利用营业杠杆而导致息税前利润下降的风险。由于营业杠杆的作用，当营业收入总额出现一定程度的下降时，息税前利润的下降速度会更快，从而给企业带来一定的营业风险。

（二）营业杠杆系数的测算

企业营业利润的变动率相当于营业额变动率的倍数，这就是营业杠杆系数，它反映着营业杠杆的作用程度。为了能够清楚反映营业杠杆的作用程度，估计营业杠杆利益的大小，评价营业风险的高低，需要对营业杠杆系数做相关测算。以下是具体的测算公式：

$$DOL = \frac{\Delta EBIT / EBIT}{\Delta S / S}$$

公式中，DOL 为营业杠杆系数；$EBIT$ 为营业利润，即息税前利润；$\Delta EBIT$ 为营业利润的变动额；S 为营业收入；ΔS 为营业收入的变动额。

为了便于进行相关的计算，可将上述公式变换如下：

因为 $EBIT=Q（P-V）-F$；$\Delta EBIT=\Delta Q（P-V）$，所以

$$DOL_Q = \frac{Q(P-V)}{Q(P-V)-F}$$

或

$$DOL_S = \frac{S-C}{S-C-F}$$

公式中，DOL_Q 为按销售数量确定的营业杠杆系数；Q 为销售数量；P 为销售单价；V 为单位销量的变动成本额；F 为固定成本总额；DOL_S 为按销售金额确定的营业杠杆系数；C 为变动成本总额，可按变动成本率乘以销售总额来进一步确定。

（三）影响营业杠杆利益与风险的其他因素

对企业的营业杠杆系数有影响的，或者说能够进一步影响企业营业杠杆利益和营业风险的因素，除了固定成本以外，还包括其他的一些因素。具体来说，主要有四种。

第一种主要是产品供求的变动。所谓产品供求关系的变动，就是指对产品的售价和变动成本都可能产生一定的影响，从而在很大程度上对营业杠杆系数产生一定的影响。

第二种就是关于产品售价的一个具体变动。具体来说，就是当其他因素都处于不变的条件下，产品售价出现的变动将会对营业杠杆系数产生一定的影响。

第三种是单位产品变动成本的相关变动。在其他因素不变的条件下，单位产品变动成本额或变动成本率的变动亦会对营业杠杆系数在一定程度上产生相应的影响。

第四种则是固定成本总额的变动。在一定的产销规模内，固定成本总额相对保持不变的状态，如果产销规模超出了一定的限度，那么与之相对应的固定成本总额也会发生一定的变动。

于是，在上述因素发生变动的情况下，营业杠杆系数一般也会随之发生相应的变动，从而产生不同程度的营业杠杆利益和营业风险。由于营业杠杆系数对企业的息税前利润有所影响，从而也就会进一步对企业的筹资能力和资本结构形成一定的制约。因此，对于资本结构决策而言，营业杠杆系数是一个十分重要的因素。

二、财务杠杆利益与风险

（一）财务杠杆原理

1.财务杠杆的概念

财务杠杆又叫筹资杠杆或融资杠杆，它是指由于固定债务利息和优先股股利的存在而导致普通股每股利润变动幅度大于息税前利润变动幅度的现象。股权资本和债务资本构成了企业的全部长期资本。

对于股权资本成本而言，它是处于一种变动状态的，在企业所得税后利润中支付；而债权资本成本通常是处于一种固定状态的，并在企业所得税前利润中进行一定的扣除。不管企业的息税前利润是多少，首先都要扣除利息等债权资本成本，然后才归属于股权资本。

因此，企业利用财务杠杆会对股权资本的收益产生一定的影响，有时可能给股权资本的所有者带来额外的收益，即财务杠杆利益；有时可能会在一定程度上造成损失，即遭受相关的财务风险。

2.财务杠杆利益分析

企业利用债务筹资这个财务杠杆而给股权资本带来的额外收益就是财务杠杆利益，亦称融资杠杆利益。在企业资本规模和资本结构一定的条件下，企业从息税前利润中支付的债务利息是相对固定的，当息税前利润增多时，每1元息税前利润所负担的债务利息会相应降低，扣除企业所得税后可分配给企业股权资本所有者的利润就会增加，从而使企业所有者得到额外的收益。

3.财务风险分析

财务风险又称筹资风险，具体是指企业在经营活动中与筹资有关的风险，尤其是指在筹资活动中利用财务杠杆可能导致企业股权资本所有者收益下降，甚至可能导致企业破产的风险。

由于财务杠杆所具有的相关作用，当息税前利润有所下降时，税后利润会下降得更快，从而在一定程度上给企业股权资本所有者造成一定的财务风险。

（二）财务杠杆系数的测算

企业税后利润的变动率相当于息税前利润变动率的倍数，这就是财务杠杆系数，它反映着财务杠杆的作用程度。

对股份有限企业而言，财务杠杆系数则表现为普通股每股税后利润变动率相当于息税前利润变动率的倍数。为了能够明确反映财务杠杆的作用程度，估计财务杠杆利益的大小，评价财务风险的高低，需要对财务杠杆系数做相应的测算。具体的测算公式如下：

$$DFL = \frac{\Delta EAT / EAT}{\Delta EBIT / EBIT}$$

或

$$DFL = \frac{\Delta EPS / EPS}{\Delta EBIT / EBIT}$$

公式中，DFL 为财务杠杆系数；ΔEAT 为税后利润变动额；EAT 为税后利润额；$\Delta EBIT$ 为息税前利润变动额；$EBIT$ 为息税前利润额；ΔEPS 为普通股每股利润变动额；EPS 为普通股每股税后利润额。

为了便于进一步计算，可将上述公式变换如下：

$$EPS = \frac{(EBIT - I)(1 - T)}{N}$$

$$\Delta EPS = \Delta EBIT \frac{(1 - T)}{N}$$

所以

$$DFL = \frac{EBIT}{EBIT - I}$$

公式中，I 为债务年利息；T 为企业所得税税率；N 为流通在外普通股股数。

（三）影响财务杠杆利益与风险的其他因素

除了债权资本固定利息会影响企业财务的杠杆系数外，影响企业财务杠杆利益和财务风险的因素还有许多。

1.资本规模的变动

如果其他因素均处于一个不变的情况下，资本规模在一定程度上发生了变动，那么财务杠杆系数也将随之出现变动。

2.资本结构的变动

如果在其他因素不变的条件下，资本结构发生了相应的变动，或者说债权资本比例发生了变动，那么财务杠杆系数也会随之变动。

3.债务利率的变动

如果在债务利率发生变动的情况下，即使其他因素不会出现变动，那财务杠杆系数也会发生一定的变动。

4.息税前利润的变动

息税前利润所出现的变动通常也会对财务杠杆系数造成一定的影响。

在上述因素发生一定变动的情况下，财务杠杆系数一般也会发生相应的变动，从而产生不同程度的财务杠杆利益和财务风险。因此，财务杠杆系数是资本结构决策过程中的一个重要因素。

三、联合杠杆利益与风险

（一）联合杠杆原理

营业杠杆和财务杠杆的综合，就是联合杠杆，亦称作总杠杆。具体说来，营业杠杆是利用企业经营成本中固定成本的作用而影响息税前利润，财务杠杆是利用企业资本成本中债务资本固定利息的作用而影响税后利润或普通股每股收益。营业杠杆和财务杠杆两者最终都影响企业税后利润或普通股每股收益。

因此，联合杠杆是对营业杠杆和财务杠杆的共同影响作用进行了一定的综合。如果一个企业同时利用营业杠杆和财务杠杆，那么这种影响所产生的作用会更大。

（二）联合杠杆系数的测算

联合杠杆系数能够反映对于营业杠杆和财务杠杆的综合程度的大小。联合杠杆系数亦称总杠杆系数，具体是指普通股每股收益变动率相当于营业收入（或销售数量）变动率的倍数，它是营业杠杆系数与财务杠杆系数的乘积。用公式表示的话，具体如下：

$$DCL(或 \, DTL) = DOL \cdot DFL$$

$$= \frac{\Delta EPS \, / \, EPS}{\Delta Q \, / \, Q}$$

或

$$= \frac{\Delta EPS \, / \, EPS}{\Delta S \, / \, S}$$

公式中，DCL（或 DTL）为联合杠杆系数。

第三节　企业资本结构

一、影响资本结构的因素

资本结构的变动，不仅受到资本成本、财务风险等因素的影响，在实际工作中，还受到许多其他因素的影响。为了能够对企业的最佳资本结构进行确定，必须对这些不同的影响因素进行详细的分析，从定性和定量两个方面综合判断。具体来说，影响企业资本结构的因素主要有以下几种。

（一）企业的成长性

对于成长性高的企业来说，为了能够促使企业的迅速扩张得到满足，通常就需要进行大规模的筹资，但在自有资本难以满足企业扩张的情况下，只能相对地扩大举债的规模。因此，那些发展相对较快的企业比低速发展的企业更容易采取负债经营的模式。

（二）企业控制权

企业有价证券的选择不但会影响管理层的控制权，而且也会进一步对企业的资本结构决策起相应的作用。例如，某企业管理层为掌握企业的控制权，当手中资金不充裕时，就会通过举债筹资购回更多股份，以便控制企业。

当然，这类资本结构决策发生的概率较小，决策本身已超出了资本结构的范畴，但又必然会对企业的资本结构产生一定的影响。

（三）企业的获利能力

企业要想合理运用财务杠杆的作用，其息税前利润最低必须满足债务利息的要求，否则不可能实现。对获利能力强的企业来讲，除非某一年度需要高额资金用于扩充产能，必须依靠举债筹资，否则在一般情况下无需举债，仅靠企业的留存收益就可以满足增资的需要。当然，获利能力强的企业，由于财务风险小，信誉好，举债并不是一件难事。

（四）资产结构

资产适宜抵押贷款的企业，如房地产企业等，往往负债额较高；而对于那些资产不适宜抵押贷款的企业，如信息企业、网络企业等，往往举债有一定难度，其主要依靠吸收风险投资来解决企业所需要的资金。

（五）财务管理者的风险态度

那些为了追求利润愿意承担风险的财务管理者，其所作出的筹资决策往往倾向于使企业资本结构中负债的比例较高；而那些对风险持谨慎态度的财务管理者，往往会使企业资本结构中负债所占的比例相对较低。

（六）银行的贷款取向

企业在对自己的资本结构进行研究后，会决定是否进行举债，以及负债的比例大小等。银行作为经营者，要全面、系统地对其贷款的安全性、流动性和收益性进行考虑，一般来说，符合条件的借款人才能贷到款。

（七）经济周期

企业资本结构会因经济周期处于的不同阶段，而受到不同的影响。在经济处于繁荣期的时候，整个社会融资能力强，资本回报率高，企业资本结构中负债的比重会高一些；如果是在经济衰退期，整个社会银根紧缩，资本回报率低，企业资本结构中负债的比重就会降低，否则有可能产生一定程度的财务风险。

（八）税收因素

由于债务利息在税前支付，从而就进一步节省了税金支出。一般来讲，所得税税率越高，那么节税作用就会越明显，举债对企业就越有利。因此，税率的高低对企业资本结构变动具有一定的导向作用。

二、优化资本结构

（一）最优资本结构的理解

最优资本结构，主要是指企业在一定时期内，筹措资本的加权平均资本成本最低，企业价值最大化时的资本结构。其判断标准主要包括：①有利于最大限度地增加股东财富，使企业价值最大化；②使企业加权平均资本成本达到最低；③保持资本的流动性，使企业的资本结构具有一定的弹性。其中，第②条是主要标准。

这里需要明确指出的一点是，人们可以在理论上推导出最优资本结构，但在现实经济生活中，最优往往是一种理想状态，可以接近但难以实现。因而，我们所说的最优资本结构，就是通过财务管理努力达到的一个目标。

自有资本和借入资本是资本结构的两大部分。开办一家企业，没有自有资本是不可能进行的，实际上来说，我们要考虑的是如何对待负债的问题。

1.最优资本结构中应包含负债

我们知道，一家企业如果仅仅依靠自有资本的积累滚动发展，它的扩张速度是很慢的。企业若想加速扩张，一定要依靠借入资本的力量，原因有以下几点。

一是负债经营具有财务杠杆作用。我们知道，负债是需要支付利息的，但如果企业经营有方，其资本利润率高于利率时，收益的差额部分均为企业所得。对股东来讲，其投入企业的资本仅是资本结构中的一部分，而企业的收益却是由包括负债在内的全部资本产生的，但支付给债权人的利率往往较低，这样股东的实际收益率会高于企业的资本利润率，这就是财务杠杆作用。

当然，如果企业经营不善，企业资本利润率低于借款利率，则财务杠杆作用正好相反，会使股东的实际收益率低于企业的资本利润率。由此可见，最优资本结构中不能没有负债，而且在资本利润率高于利率的前提下，负债比率越大，股东财富越大。

二是负债具有节税作用。由于债务利息能够在税前支出，因而可以减少纳税负担。

2.最优资本结构中负债比重应合理

负债经营固然有对企业和股东有利的一面，但过度负债，会加大财务风险，因而财务管理要注意负债的合理比例。企业负债若无限度，会使企业的股票市价下降；银行在贷款时会提出更严格的限制条件；其他债权人也会对企业的各种债务进行限制；潜在的投资者会因此驻足不前；等等。负债过度不仅会对企业信誉造成影响，而且会对经济环境产生消极影响。因为在市场经济高度发达的信用基础上，一些企业负债过度，一旦出现财务风险，就会影响与其有业务往来的其他企业，如此连锁反应，会使宏观经济出现不稳定因素。影响企业负债比率合理化的因素主要有以下几点。

（1）企业的生产经营状况

对于那些生产经营良好、商品适销对路、资金周转较快的企业，负债比率可以稍微高一些；而对于那些生产经营困难重重、产品滞销、资金周转慢的企业，负债比率应低一些，否则不仅旧债还不上，新债还会加重债务负担。

（2）企业的投资决策

企业通过举债筹措资金，主要是因为投资的需要。财务管理应将筹资与投资联系起来，使投资决策科学化，充分考虑债务还款期限和数额，避免还款期限和款项过于集中；尽量使筹资渠道多元化，借款期限分散化。

（3）流动资产与固定资产的比例关系

企业偿债能力的高低很大程度上取决于资产的比例关系。如果一个企业需要依靠变卖固定资产还债的话，也就意味着这个企业已面临破产的困境。实际上，一个经营状况好的企业是不会动用固定资产还债的，它的决策者会使企业的流动资产与固定资产保持一个合理的比例关系，因为流动资产的变现性要比固定资产强得多。保持一定的变现性强的资产，可使负债的财务风险大大降低。

（二）自有资本与借入资本的比例结构分析

虽然企业自有资本的资本成本相对较高，但是其筹资风险相对较低；借入资本的资本成本相对低，但筹资风险高。自有资本与借入资本的比例不同，对股东权益的影响也会有所不同。

在借入资本的利率一定的前提下，由于财务杠杆作用，只要借入资本的利率小于投资报酬率，企业负债越多，则自有资本的收益率越大；反之，当借入资本的利率大于投资报酬率时，就需要用自有资本的收益去进一步弥补借入资本的负收益。

在进一步确定企业自有资本与借入资本的最佳比例时，应当对以下几个问题进行周全的考虑。

1.计算自有资本的收益率

自有资本的收益率的计算公式为：

$$自有资本收益率预期=投资报酬率×\frac{借入资本}{自有资本}×（预期投资报酬率-负债利率）$$

2.分析企业的经营条件

在进一步对企业的经营条件进行分析的时候，其举债能力、经营业务、适应宏观经济变化的能力等，都会在很大程度上对企业自有资本与借入资本的比例结构造成一定的影响。

3.重视投资人对债务态度的变化

投资人一方面希望企业能够通过负债经营，使财富迅速增加，因而企业负债比例过小并不能满足投资人的希望；另一方面，企业债务过重又会使投资人的投资风险有所增加。

所以，投资人十分关注企业自有资本与借入资本的比例关系及其变动。财务管理者必须考虑到投资人对资本结构的态度，保持资本结构的最优状态，不能对投资人的投资热情造成伤害。

（三）长期资本与短期资本的比例结构分析

自有资本和借入资本主要指的是长期资本，即所有者权益和长期负债。实际上，企业还有一部分资本是由流动负债形成的，属于短期资本。下面分析长期资本与短期资本的比例结构问题。

一般而言，企业的全部资本主要用于固定资产投资与流动资产。固定资产占用资金的特点是时间长，金额相对稳定，不会频繁地增减变动；而流动资产占用资金的特点则较为复杂，因为流动资产中有一部分资金实际上被长期、稳定地占用，具有沉淀性。例如，企业为了保证生产经营的正常进行，防止供、产、销活动因不确定因素中断，往往会对某些存货规定合理库存数额，这部分流动资产占用的资金实际上是长期的。流动资产中的另一部分则变动频繁，占用时间不稳定，发生的金额也不稳定。例如，银行存款、应收账款等，可变现性较强。

虽然，企业的长期资本、短期资本与固定资产、流动资产并无对应关系，但在安排企业的资本组合时，要考虑到长期资本和短期资本的特点。长期资本对企业来讲，一经取得便可长期使用，短期内不必考虑偿还问题，特别是所有者权益部分，投资人一旦投资，不得任意抽回资本，更不存在偿还问题，因而风险小；但资本成本较高，要安排定期支付利息或发放股利的现金流动。短期资本对企业来讲，使用期短，流动性强，使用成本低，但风险大。

企业在安排长期资本和短期资本的比例结构时，有三种方式可供其选择。

第一，将长期资本用到固定资产与长期性流动资产上，而短期资本则用于满足那些变现性较强的流动资产的需要。这样的资本结构将大大降低偿债风险。当流动负债需要偿还时，企业有足够的变现性较强的流动资产作为偿债保证，但这样做会导致企业的加权平均资本成本较高。

第二，将长期资本用到固定资产和部分长期性流动资产上，其余流动资产都由短期资本满足其所需。这样做可以降低加权平均资本成本，但风险也相应提高。因为一部分长期性流动资产占用了短期资本，一旦流动负债集中到期，或需要大额款项支付时，就增加了不能按期足额偿债的风险。

第三，全部资产都由长期资本提供。这种做法风险最小，但加权平均资本成本也最高。实际上，一个企业不出现流动负债几乎是不可能的。这种方式只是告诉人们企业在尽最大可能减少流动负债。

关于上述三种方式的选择，只是不同的财务管理理念存在的差异。在实际操作中，这些资本类型与资产类型并不一一对应。在实际工作中，影响人们做出选择的因素还有许多，具体有如下几项：①企业信誉高低。对于那些信誉高、筹资能力强、现金流动性好的企业，可以适当增加短期资本的比重。②债权人的态度。企业在长期的经营活动中，总会有一些业务往来密切的固定债权人。这些债权人与企业建立了相对固定的债权债务关系，彼此相互了解和信任。若企业长期以来一直信誉很好，即使偶尔由于资金周转困难不能如约偿债，也会得到债权人的谅解，不至于产生财务风险。在这种情况下，企业适当增加短期资本的比重并无大碍。③财务管理能力。高明的财务管理者会对各类资本的使用进行合理安排，使资金周转通畅，现金流入和现金流出安排到位，偿债时间与数额和现金流量配合紧密。通过理想的财务管理技巧，适当增加短期资本比重将是对企业有利的选择。

（四）自有资本的构成比例分析

企业自有资本的构成比例，实际上是指各投资主体在企业中所占的投资比例。这个比例的大小关系到各投资主体在企业的控制权、决策权和收益分配权，因此对各投资主体十分重要。

企业自有资本的构成比例是安排最佳资本结构时应认真考虑的一种比例关系。对股份制企业来讲，自有资本的结构关系到企业的控股权，所以，这对于一些大股东来讲是至关重要的。

第四章　企业收入与利润管理

第一节　企业收入管理

企业收入，是指企业在日常经营活动中形成的、会导致所有者权益增加的、与所有者投入资本有关的经济利益的总流入。收入按企业日常经营活动性质的不同，通常分为销售商品收入、提供劳务收入和让渡资产使用权收入。其中，销售收入是企业收入的主要构成部分，对企业生产经营活动具有重要的经济意义，企业应加强对销售收入的管理。

一、收入管理工作要点

（一）销售收入预测分析

销售收入预测，是指企业以有关的历史资料和市场调查信息等为基础，运用科学的预测和分析方法，对预测期产品销售收入所作出的预计和测算的过程。销售收入预测可以增加销售活动的计划性和针对性，从而指导企业的经营决策和产销活动。

销售收入的预测方法有很多种，主要有意见汇集法、专家判断法、调查分析法、趋势分析法、因果分析法，具体如表 4-1 所示。

表 4-1　销售收入主要预测方法

预测方法	预测原理
意见汇集法	由企业熟悉市场情况的营销人员对某种产品的销售趋势或市场进行预测分析，再将各种判断意见加以综合分析、整理，得出预测结论
专家判断法	由本企业或同行企业高管、销售经理及其他经验丰富的专家或专家小组对某种产品的未来销售收入进行判断和预测
调查分析法	对某种产品在市场上的供需情况、消费者消费取向、经济发展趋势、同行业竞争对手情况等进行调查，从而预测本企业产品的销售趋势
趋势分析法	根据企业销售的历史资料，运用算术平均法、加权平均法、移动平均法和指数平滑法等预测未来销售变化趋势
因果分析法	从影响产品销售量（因变量）的各种相关因素（自变量）中，找到自变量与因变量之间的函数关系，并利用这种函数关系进行产品销售预测

（二）产品定价方法选择

企业生产、销售的各种产品均需确定合理的销售价格，产品价格的高低直接影响销售量的大小，从而影响企业的盈利能力。在确定产品价格时，除了考虑产品价值、产品成本、市场供求变动、市场竞争程度以及国家相关政策法规等因素外，还应注意选择合适的定价方法，以实现预期的经营目标。

比较常用的产品定价方法包括以成本为基础的定价方法和以市场需求为基础的定价方法两大类。前者关注企业的成本状况，以变动成本、制造成本（一般包括直接材料、直接人工和制造费用）或全部成本费用（一般包括制造成本和管理费用、销售费用、财务费用等各种期间费用）为定价基础，后者则主要以市场需求状况为定价基础，具体如表 4-2、表 4-3 所示。

表 4-2　以成本为基础的产品定价方法

定价方法	定价原理	计算公式
变动成本定价法	企业增加生产一定数量的产品不负担固定成本，只负担变动成本，所以在确定价格时仅以变动成本计算	单位产品价格＝［单位变动成本×（1＋成本利润率）］/（1－适用税率）
保本点定价法	按照刚好能够保本（保持既不盈利也不亏损）的原理来制定产品的最低销售价格	单位产品价格＝（单位固定成本＋单位变动成本）/（1－适用税率）－单位完全成本/（1－适用税率）
目标利润定价法	根据企业预期目标利润和产品销售量、产品成本、适用税率等因素来确定产品销售价格的方法	单位产品价格＝（单位目标利润＋单位完全成本）/（1－适用税率）
全部成本费用加成定价法	在全部成本费用的基础上，加合理利润来定价，工业企业一般根据成本利润率定价，商业企业一般根据销售利润率定价	工业：单位产品价格＝单位全部成本费用×（1＋成本利润率）/（1－适用税率） 商业：单位产品价格＝单位全部成本费用/（1－销售利润率－适用税率）

表 4-3　以市场需求为基础的产品定价方法

定价方法	定价原理
需求价格弹性系数定价法	运用需求价格弹性系数（在其他条件不变的情况下，某种产品的需求量随其价格的升降而变动的程度），确定产品的销售价格
边际分析定价法	基于微分极值原理，通过分析不同价格与销售量组合下的产品边际收入、边际成本和边际利润之间的关系，进行定价决策。当边际利润等于零，边际收入等于边际成本，利润达到最大值时的价格即为最优销售价格

（三）产品定价策略制定

　　企业为了提升产品的市场占有率和竞争能力，往往会采用不同的定价策略，使企业的产品在保证质量的基础上，更具有价格方面的竞争力。定价策略制定得恰当与否，对企业的正常生产经营活动具有重要影响。

　　通常情况下，产品定价策略有折让定价策略、心理定价策略、组合定价策略、生命周期定价策略四种，如图 4-1 所示。

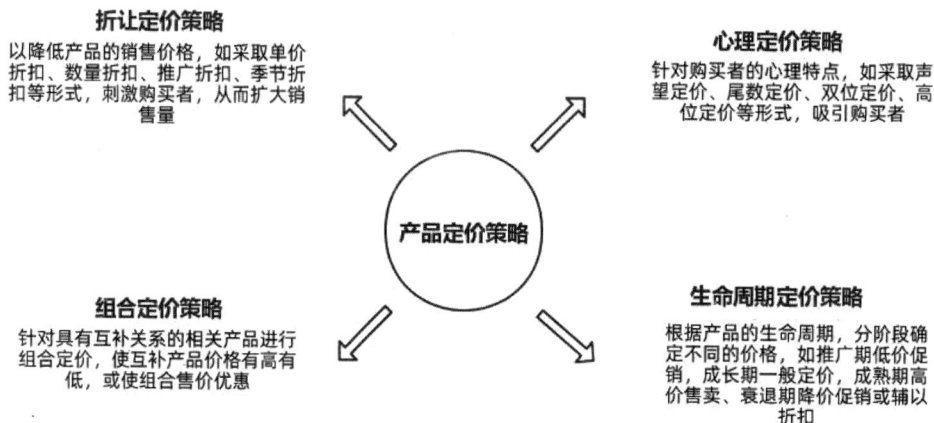

折让定价策略
以降低产品的销售价格，如采取单价折扣、数量折扣、推广折扣、季节折扣等形式，刺激购买者，从而扩大销售量

心理定价策略
针对购买者的心理特点，如采取声望定价、尾数定价、双位定价、高位定价等形式，吸引购买者

产品定价策略

组合定价策略
针对具有互补关系的相关产品进行组合定价，使互补产品价格有高有低，或使组合售价优惠

生命周期定价策略
根据产品的生命周期，分阶段确定不同的价格，如推广期低价促销，成长期一般定价，成熟期高价售卖、衰退期降价促销或辅以折扣

图 4-1　产品定价策略

（四）销售收入确认计量

企业销售商品收入，需要同时满足以下五项条件，才能予以确认：①企业已将商品所有权上的主要风险和报酬转移给购货方。②企业既没有保留通常与所有权相联系的继续管理权，也没有对已售出的商品实施有效控制。③收入的金额能够可靠地计量。④相关的经济利益可能流入企业。⑤相关的已发生或将发生的成本能够可靠地计量。

在企业销售商品满足收入确认条件时，应当按照从购货方已收或应收的合同或协议价款的公允价值来确定销售商品收入金额。在发生现金折扣、商业折扣、销售折让或销售退回时，企业在确认收入金额时，应分情况做不同处理：①销售商品涉及现金折扣的。现金折扣是指企业为鼓励购货方在规定的期限内付款而向其提供的债务扣除，应按照扣除现金折扣前的金额确定销售商品收入金额。现金折扣在实际发生时计入当期损益。②销售商品涉及商业折扣的。商业折扣是指企业为促进商品销售而在商品标价上给予的价格扣除，应当按照扣除商业折扣后的金额确定销售商品收入金额。③销售商品发生销售折让的。销售折让是指企业因售出商品的质量不合格等原因而在售价上给予的减让，已确认收入的售出商品发生销售折让的，应当在发生时冲减当期销售商品收入。④销售商品发生销售退回的。销售退回是指企业售出的商品由于质量、品种不符合要求等原因而发生的退货，已确认收入的售出商品发生销售退回的，应当在发生时冲减当期销售商品收入。

二、收入流程

（一）收入流程内涵

收入流程是企业出售商品或提供劳务，以及收取货款等行为。收入流程主要有：接收订单、客户信用评估、签订销售合同、发货、收入确认、开具发票、收款、坏账处理等。收入流程的每个环节有序循环，可以给企业带来源源不断的现金流入，促进企业发展，企业的发展又能促进企业销售的增长，这是一个良性循环。

（二）收入流程内部控制的目标

收入流程内部控制主要是对收入相关业务流程进行控制，对业务的相关审批权限进行明确，对收入流程可能会产生的风险进行防范，以及对收入相关业务开展的过程进行监督。

收入流程内部控制的目标有如下几点：

1.保护企业相关资产的安全与完整

企业相关资产包括货币资金、原材料、库存商品等。这些资产金额占比较大，在生产经营中具有重要作用。同时，这些资产比较容易被偷盗、损毁或非法占有。所以，企业需要建设相关内部控制制度来保护这些资产不受非法侵害。

2.确保销售行为符合法律法规

国家会根据市场情况更新与收入流程相关的法律法规，企业应积极学习相关的法律法规及其变动，并使自身的销售行为符合国家法律法规。

3.保证收入与相关成本费用的确认和计量的真实与完整

销售商品或提供劳务是企业创收的主要来源，而与销售相关的成本费用占企业运营成本较大比重，销售收入和对应的成本费用的确认和计量会影响财务报表披露信息的真实性与完整性。因此，企业要准确记录收入和相关的成本费用，健全收入流程内控制度。

4.提升客户满意度和忠诚度，扩大产品市场份额

在收入流程中，要想提升客户满意度和忠诚度，以及扩大产品市场份额，完善相关内控制度就至关重要，这样才能保证与客户建立长期友好的合作关系，并加强彼此沟通，及时收集客户反馈的信息并进行分析，对存在的缺陷之处及时整改。

（三）收入流程内部控制的风险

收入流程内部控制面临和关注的风险有如下几点：第一，客户信用评估不当，未与客户对账或对账不及时，催收回款力度不大等，都可能使企业无法按时收回款项，造成资金压力增加，可能给企业造成部分损失。第二，在销售过程中销售人员吃回扣，与客户勾结舞弊，且公司未能及时发现并采取措施，可能导致企业利益受损。第三，对销售采取错误的政策，盲目扩张产业，对外部信息掌握不及时等，可能会使企业无法正确地制定战略，使企业的大量投资无法收到效益。

第二节　利润分配管理

利润是指企业在一定会计期间的经营成果，包括收入减去费用后的净额、直接计入当期利润的利得和损失等。利润分配是指企业根据国家有关规定和企业章程、投资者的决议等，对企业当年可供分配的利润指定其特定用途和分配给投资者的行为。利润分配的过程和结果，不仅关系到每个股东的合法权益能否得到保障，而且关系到企业能否长期稳定发展等问题。因此，企业必须加强对利润分配的管理。

一、利润分配的原则

利润分配是指企业按照国家有关法规的规定，遵循一定的原则和程序，对企业一定时期的净利润进行分配的过程。利润分配涉及企业各个利益相关者的利益关系，既影响企业财务活动的顺利展开，也影响企业未来发展。作为企业一项重要的财务活动，利润分配应当遵循以下原则。

（一）合法原则

企业的利润分配必须依法进行。企业的利润分配涉及国家投资与收益对等原则，企业、股东、债权人和职工等各个利益相关者的利益。因此，正确处理各方之间的利益关系，协调各方面的利益矛盾是进行利润分配的重要方面。为了规范企业的利润分配行为，我国颁布了《中华人民共和国公司法》《企业财务通则》（财政部令第41号）等相关法律、法规。这些法律、法规规定了企业利润分配的基本要求、一般程序和重大比例，企业应当认真执行，不得违反。

（二）资本保全原则

企业的利润分配必须以资本保全为前提。投资者期望资本得以保值并增值，保值是最低要求，其根本目的是使资本增值。企业利润分配应是对资本增值部分进行分配，不应是投资者资本金的返还，否则将是一种清算行为。企业必须在有可供分配留存收益的情况下进行利润分配，只有这样才能充分保护投资者的利益。

（三）分配与积累兼顾原则

企业的利润分配必须坚持分配与积累兼顾原则。企业分配的结果是将净利润分成两部分，一部分分配给企业外部的企业所有者个体，另一部分留在了企业内部形成企业的积累，即留存收益。虽然这部分留存收益最终还是属于企业所有者的，但是其法人财产权属于企业，成为企业筹资的一种渠道，为企业发展增强了后劲，增强了企业抵抗风险的能力，提高了企业经营的稳定性和安全性，有利于所有者的长远利益。另外，适当的积累还有利于以丰补歉，平抑利润分配数额波动，稳定投资报酬率，对外传递企业经营比较稳定的信息。

（四）投资与收益对等原则

企业利润分配应坚持投资与收益对等原则，即企业进行利润分配时应体现谁投资谁受益、收益大小与投资比例相适应的原则。投资与收益对等原则是正确处理投资者利益关系的关键。只有遵守投资与收益对等原则，才能从根本上实现利润分配中的"三公原则"，保护投资者的利益，提高投资者的积极性，维护资本市场的正常秩序。

二、利润分配的内容和顺序

（一）利润分配的内容

支付股利仅是税后利润分配的一项内容，而不是利润分配的全部。按照《中华人民共和国公司法》和《企业财务通则》，企业税后利润分配即企业缴纳所得税之后的净利润分配。主要包括以下内容。

1.提取法定盈余公积金

法定盈余公积金按照公司净利润的 10%提取，当企业法定盈余公积金累计额为企业注册资本的 50%以上时，可以不再提取。企业的法定盈余公积金不足以弥补以前年度亏损的，在依照规定提取法定盈余公积金之前，应当先用当年利润弥补亏损，即税后补亏。

2.提取任意盈余公积金

任意盈余公积金按照公司股东会或者股东大会决议，从公司税后利润，即净利润中提取。

3.向股东（投资者）分配利润（支付股利）

向股东（投资者）分配利润（支付股利）是在公司弥补亏损和提取公积金之后，股利（利润）应以股东（投资者）持有股份（投资额）的数额为依据按比例分配，但全体股东或公司章程约定不按持股比例分配的除外。股份有限公司依法回购后暂未转让或者注销的股份，不得参与利润分配；以回购股份对经营者及其他职工实施股权激励的，在拟订利润分配方案时，应当预留回购股份所需利润。股份有限公司原则上应从累计盈利中分派股利，无盈利则不得支付股利，即遵循所谓的无利不分原则。但若公司用盈余公积金（盈余公积金包括法定盈余公积金和任意盈余公积金）弥补亏损后，为维护其股票信誉，经股东大会特别决议，也可以按照不超过股票面值 6%的比率用盈余公积金支付股利，不过这样支付股利后留存的法定盈余公积金不得低于注册资本的 25%。

需要说明的是，上述利润分配是指税后净利润的分配内容。有时利润分配也指对税前利润即利润总额的分配，那么此时利润分配还包括法定期限内税前补亏和缴纳所得税两项内容。税前补亏是指我国税法规定企业发生亏损时可用以后连续 5 年内实现的税前利润弥补。如果企业发生的亏损经过 5 年仍未弥补足额的，未弥补亏损应用所得税后的净利润弥补，即税后补亏。

（二）利润分配的顺序

企业向股东（投资者）分派股利（分配利润），应按照一定的顺序进行。企业年度净利润，除法律、法规另有规定外，按照下列顺序进行分配。

1.弥补以前年度亏损并计算可供分配的利润

企业发生的年度亏损在 5 年内税前补亏后仍未弥补够的亏损，只能用缴纳所得税后的净利润弥补，这种税后补亏是按照账面数字进行的。补亏后，将本年度净利润（亏损）与年初未分配利润（或亏损）合并，计算出可供分配的利润。除法律、法规另有规定外，如果可供分配利润为正数，则进行后续分配；如果可供分配利润为负数（即亏损），则不能进行后续分配。

2.提取法定盈余公积金

按递减年初累计亏损后的本年净利润计提法定盈余公积金，其计提基数不是可供分配的利润，也不一定是本年度的税后净利润，只有不存在年初累计亏损时，才能按照本年度税后净利润计提。在没有累计盈余的情况下，不能提取盈余公积金。

3.提取任意盈余公积金

《中华人民共和国公司法》规定，企业从税后利润中提取法定盈余公积金后，经股东会决议，可以提取任意盈余公积金。任意盈余公积金的提取与否及提取比例由股东会根据企业发展的需要和盈余情况决定，法律不做强制规定。

4.向股东（投资者）分配利润（支付股利）

企业可供分配的利润扣除提取的盈余公积金后，形成可供投资者分配的利润。企业可采用现金股利、股票股利和财产股利等形式向投资者分配利润。企业股东会、股东大会或者董事会违反规定，在企业弥补亏损和提取法定盈余公积金之前向股东分配利润的，股东必须将违反规定分配的利润退还企业。

三、股利政策

股利政策是指在法律允许的范围内，企业是否发放股利、发放多少股利以及何时发放股利的方针及对策。支付给股东的盈余与企业的保留盈余之间存在此消彼长的关系。股利分配既决定给股东分配多少红利，也决定有多少净利留在企业。减少股利分配，就会增加保留盈余，减少外部筹资需求。因此，从某种角度来说，股利政策是企业融资决策不可分割的一部分。

（一）影响股利（利润）分配政策的主要因素

股利分配是企业财务管理的一个重要部分，应考虑其对企业市场价值的影响。关于股利分配是否对企业市场价值（或股票价格）有影响存在不同的观点，这些观点主要有两大类，即股利无关论和股利相关论。由于在现实生活中不存在股利无关论提出的假定前提，企业的股利分配不可避免地受到种种制约因素的影响。因此，学界一般支持股利相关论，该观点认为企业的股利分配影响公司市场价值（或股票价格）、筹资能力及企业的未来发展。在确定企业的股利（利润）分配政策时，应当综合考虑相关因素的影响。

1.法律约束

为了保护债权人和股东的利益，有关法律、法规对企业股利分配作如下限制。

第一，资本保全限制。资本保全限制，即防止资本侵蚀。规定企业不能用资本（股本和资本公积）发放股利。

第二，公司积累限制。公司积累限制，也称为留存盈余的规定，其规定企业必须按照一定的比例提取法定盈余公积金。另外，一般应当贯彻无利不分原则，即公司年度累计净利润必须为正数时才可发放股利，以前年度亏损必须足额弥补。

第三，超额累积利润限制。由于股东接收股利收入的所得税税率高于其进行股票交易的资本利得税率，企业通过保留利润来提高其股票价格，就可使股东避税。因此，许多国家法律禁止公司过度保留盈余，否则将加征额外税款。我国法律目前尚未对此作出规定。

第四，无力偿付债务的限制。无力偿付债务的限制，即规定如果公司已经无力偿付到期债务或因支付股利将使其失去偿还能力，则公司不能支付股利，否则属于违法行为。

2.企业财务约束

从企业的经营需要来讲，影响股利分配的因素有以下五个。

（1）盈余稳定性约束

企业是否能获得长期稳定的盈余，是其股利决策的重要基础。盈余相对稳定的企业对于盈余相对不稳定的企业而言具有较高的股利支付能力，因为盈余稳定的企业对保持较高股利支付率更有信心。盈余稳定的企业是具有相对稳定的盈余模式和较高股利支付率的典型公司。而盈余不稳定的企业一般采取低股利政策。低股利政策可以降低因盈余下降而造成的股利无法支付、股价急剧下降的风险，还可将更多的盈余转作再投资，以提高公司企业资本比重，降低财务风险。

（2）现金流量约束

企业资金的灵活周转是企业生产经营得以正常进行的必要条件。按照会计规则核算出的净利润并不一定等于现金流量，而利润分配尤其是现金股利分配会对公司现金流量产生重大的影响，因此股利分配不能不充分考虑企业的现金流量。另外，具有较高债务偿还需要的企业，将产生较大的现金流出量，可能更多地考虑直接用经营积累偿还债务，从而减少股利的支付。

（3）筹资能力约束

支付给股东的股利与企业的保留盈余之间存在此消彼长的关系，具有较强筹资能力（与企业资产的流动性相关）的企业由于能够及时筹措到所需的现金，有可能采取较宽松的股利政策；而筹资能力弱的企业不得不多滞留盈余，因而往往采取较紧的股利政策。如规模较大、获利丰厚的大企业较容易筹集到所需的资金，更可能采取较宽松的股利政策。而规模小、风险大的企业，往往要限制其股利的支付，而较多地保留盈余，因为这或许是其唯一的筹资方式。

（4）投资机会约束

投资需要有强大的资金支持，股利政策往往受投资机会的影响。如果某企业投资机会较多，则往往采用低股利、高保留盈余的股利政策；反之，如果投资机会较少，则其可能采用高股利政策。因此，处于成长期的企业多采用低股利政策，而处于衰退期、经营正在缩减的公司多采用高股利政策。

（5）筹资成本约束

与发行新股或举债相比，保留盈余不需要花费筹资费用，资本成本低是一种比较经济的筹资渠道。所以，很多企业在确定股利政策时，往往优先考虑保留更多的净利润作为内部筹资，特别是在负债比率较高、资本结构欠佳时期。

3.股东因素

股东从自身经济利益需要出发，对企业的股利分配往往产生以下一些影响。

（1）避税和稳定的收入

股东对税负的考虑会影响股利政策。由于股利收入的税率一般要高于资本利得的税率，因此某些股东会偏好"多留存，少派发"的股利政策，从而获得更多纳税上的好处。另外，某些股东依靠股利维持生活，他们往往要求企业支付稳定的股利，反对保留较多盈余的股利政策。

（2）控制权要求

股利政策受到现有股东对控制权要求的影响。如果企业支付较高的股利，就会导致留存盈余减少，这意味着将来发行新股的可能性加大，而发行新股必然稀释企业的控制权，这是企业现有的持有控制权的股东们不愿看到的局面。因此，若他们拿不出更多的资金购买新股以满足企业的需要，宁肯不分配股利，从而反对募集新股。

（3）外部投资机会

股东的外部投资机会将影响企业的股利政策。资金往往会流向更高回报的去处，如果公司将留存收益用于再投资的回报率低于股东个人将股利收入投资于公司外部的投资机会的回报率，则较高的股利支付水平将更有利于股东。

4.其他约束

（1）债务合同约束

按照惯例，债务合同特别是长期债务合同，往往有限制企业现金支付程度的条款，其中未来的股利只能以签订合同之后的收益来发放。债务合同的限制性条款一般包括：未来股利只能由贷款协定签订后产生的盈利来支付，而不可用以前的企业留存盈余支付；营运资金净额低于某一特定数额时，不得支付股利；将利润的一部分以偿债基金的形式留存下来；利息保障倍数不能低于一定水平，否则不得发放股利。

（2）通货膨胀

在通货膨胀的情况下，货币购买力水平下降，企业生产经营对资金的需要随之增加。这时企业往往不得不保留较多的盈余，用以弥补货币购买力下降造成的资金不足，因此在通货膨胀时期，企业股利政策往往偏紧。

其他还有国家经济环境和公司股票价格走势等约束。

（二）股利政策的主要类型

股利政策受到各种因素的影响，每个企业应根据自身的具体情况综合考虑各种因素的影响，制定适合本企业的股利分配政策。在实务中，企业经常采用的股利政策主要有剩余股利政策、固定或稳定增长股利政策、固定股利支付率政策和低正常股利加额外股利政策四种类型。这些股利政策各有所长，企业在制定其股利政策时，应借鉴各种政策的基本思想，综合权衡，制定适合自己具体实际情况的股利政策。

1.剩余股利政策

剩余股利政策是指在企业有着良好的投资机会时，根据一定的目标资本结构（最佳资本结构），测算出投资所需的权益资本，先从盈余中留用，然后将剩余的盈余作为股利予以分配的一种股利政策。

当采用剩余股利政策时，应遵循四个步骤：①设定目标资本结构，即确定权益资本与债务资本之间的比率，在此资本结构下，加权平均资本成本将达到最低水平。②确定目标资本结构下投资所需的股东权益数额。③最大限度地使用保留盈余来满足投资方案所需的权益资本数额。④当投资方案所需权益资本已经满足后，若有剩余盈余，再将其作为股利发放给股东。

2.固定或稳定增长股利政策

固定或稳定增长股利政策是指将每年发放的股利固定在某一相对稳定的水平上并在较长时期内不变（表现为连续多年每股股利是固定的），只有当企业认为未来盈余将会显著地、不可逆转地增长时，才会提高年度的股利发放额的股利政策。

3.固定股利支付率政策

固定股利支付率政策也称为变动股利政策，是指企业确定一个股利占盈余的比率，长期按此比率支付股利的政策。在这一股利政策下，每年的股利额会随企业经营的好坏而上下波动：获得较多盈余的年份股利额高；获得较少盈余的年份股利额低。

4.低正常股利加额外股利政策

低正常股利加额外股利政策是指企业事先设定一个较低的正常股利额，每年除了按正常股利额向股东发放现金股利外，还在企业盈利情况较好、资金较为充裕的年度向股东发放高于每年正常股利的额外股利，但额外股利并不固定化，也就是说，并不是企业永久地提高了规定的股利率的股利政策。

可以看出，低正常股利加额外股利政策是对固定股利政策的一种改进，它既吸收了固定股利政策对股东投资收益保障的优点，又摒弃了固定股利政策对企业造成财务压力的不足，在资本市场上颇受投资者和公司的欢迎。相对来说，低正常股利加额外股利政策比较适合那些盈利水平随着经济周期波动而波动的公司或行业。

四、股利的支付方式和程序

（一）股利的支付方式

1.发放现金股利

现金股利是指企业发放股利时以现金形式分配给股东的股利，它是大多数公司股利支付的主要方式。通常情况下，若未做特别说明，所谓股利就是指现金股利。发放现金股利将同时减少企业资产负债表上的留存利润和现金，所以企业选择支付现金股利时，除了要有足够的留存收益外，还要有足够的现金。现金是否足够往往成为企业是否发放现金股利的主要因素。

2.发放财产股利

财产股利是指企业以现金以外的资产向股东支付的股利，通常是以企业持有的各种有效证券，如债券、股票、商业票据等作为股利发放给股东，也有以产品等实物形式支付的。

3.发放负债股利

负债股利是指公司以负债的形式支付的股利，通常以公司的应付票据支付给股东，有时也以发行公司债券的方式支付股利。

财产股利和负债股利实际上是现金股利的替代，这两种形式目前在我国实务中较少使用，但并非为法律所禁止。

4.发放股票股利

股票股利是企业以增发股票的方式作为股利支付方式的一种股利，我国实务中通常也称其为红股。发放股票股利对于公司来说，并没有现金流出企业，既不影响企业的资产和负债，也不影响企业的股东权益总额。另外，发放股票股利是按原股份比例分配给股东新股，因此发放股票股利不会使股东持股比例发生变化，每位股东所持股票的市场价值总额也保持不变。但是，发放股票股利使股东权益内部构成发生变化，减少了留存收益，增加了股本。发放股票股利还会增加流通在外的股票数量，同时降低股票的每股价值。

发放股票股利必须具备两个条件：一是必须有可供分配的收益。无可供分配的收益而向股东分派新股，实际上是一种欺诈行为，在法律上是被禁止的。二是发放股票股利必须经股东大会作出决议，并报有关部门批准。因为发放股票股利实际上是一种增资行为，而股份制公司增资必须按《中华人民共和国公司法》的有关规定执行，并修改公司章程。

有些公司在股利分配时采用转增和配股的方式，这不是真正意义上的发放股票股利。公司将大量的资本公积转增资本，按股东原持有的股份同比例增发股票，其实质是一种特殊形式的股票分割；公司向原股东配售新股，并不减少公司的留存收益，相反还吸收了原股东追加投资。

（二）股利的支付程序

股份有限公司向股东支付股利时，前后要经历一个过程。股利的支付程序是指股利支付的日期界限，这些日期界限主要包括股利宣告日、股权登记日、除息日和股利发放日等。

1.股利宣告日

股利宣告日即公司董事会按股利发放的周期举行董事会会议，决定股利分配的预计分配方案，交由股东大会讨论通过后，由董事会将股利支付情况正式予以公告的日期。股利宣告日将宣布每股股利、股权登记日、除息日和股利支付日等事项。我国的股份有限公司通常一年派发一次股利，也有在年中派发中期股利的。

2.股权登记日

股权登记日是指有权领取本次股利的股东资格登记截止日期。企业规定股权登记日是为了确定股东能否领取股利的日期界限。只有在股权登记日登记在册的股东才有资格领取股利，而在这一天之后登记在册的股东，即使是在股利发放日之前购买股票，也无权领取本次分配的股利。证券交易所的中央结算系统于股权登记日当天交易结束时，可及时打印出持有企业股票的股东名册，作为企业以后向股东支付股利的依据。

3.除息日

除息日是指领取股利的权利与股票相互分离的日期。在除息日前，股利权从属于股票，持有股票者即享有领取股利的权利；除息日开始后，股利权与股票相分离，新购股票者不能分享股利。这是因为股票买卖的交接、过户需要一定时间，如果股票交易日期离股权登记日太近，公司将无法在股权登记日得知更换股东，只能以原股东为股利支付对象。为了避免可能发生的冲突，证券业一般规定在股权登记日的前四天为除息日。自此日起，公司股票的交易称为无息交易，其股票称为无息股。

除息日对股票的价格有明显的影响，由于在除息日之前的股票价格中包含了本次股利，在除息日之后的股票价格中就不再包含本次股利，所以股价会下降。但是，先进的计算机交易系统为股票的交割过户提供了快捷的手段，在实行"T+0"交易制度下，股票买卖交易的当天即可办理完交割过户手续。在这种交易制度下，股权登记日的次日（指工作日）即可确定为除息日。

4.股利发放日

股利发放日也称为股利支付日、付息日，是指企业将股利正式发放给股东的日期。在这一天，企业应将股利通过邮寄等方式支付给股东，上市公司根据股权登记日的股东名册，借助证券交易所的中央登记结算系统直接将股利划入股东资金账户，即完成股利支付的全部程序。

第五章　企业经营管理

第一节　改革企业经营管理模式

一、改革企业经营管理模式的时代背景

21世纪，科学技术飞速发展，全球化信息网络以及全球化市场初步形成，使以新产品为核心的市场竞争更加激烈，企业面临的竞争压力越来越大。主要表现在以下几点。

（一）全球经济一体化趋势给企业带来更大竞争压力

随着信息技术的发展以及互联网的普及，世界已经发展成为一个紧密联系的统一体，国家和地区间的经济、技术壁垒逐渐消除。尤其是信息技术的发展突破了经济活动中时间与空间的限制，企业可以在更广泛的时空中寻找客户与合作伙伴。当然，企业也在全球化市场建立过程中，面临更多、更强的竞争对手。企业比以往有更多机会占领更大的市场，也更有可能因为竞争失败而被市场淘汰。全球经济一体化使企业不得不面对更大范围内的市场竞争。

（二）产品研发压力增大

随着技术更新速度加快，新产品更新换代的速度越来越快，产品的寿命周期缩短，对企业产品开发的能力要求越来越高。与此同时，因为产品结构逐渐复杂化，产品功能越来越强，增加了产品研发难度。现阶段，很多企业开始认识到开发新产品在企业发展中的重要性，所以他们不惜成本投入产品研发，但是企业资金利用率以及投入产出比不

尽如人意。主要原因在于，产品研发难度增大，周期加长，尤其是那些规模大、结构复杂及技术含量高的产品，在研发过程中不仅涵盖多领域，还要求多学科交叉。因此，恰当处理产品研发问题已经成为企业需要面对的重要事项。

（三）用户个性化需求增长

用户的信赖是推动企业不断发展的重要因素，用户的信任不仅取决于产品质量，还需要依靠售后的技术支持以及服务。很多著名国际企业已经在全球范围内建立起健全的服务网络，这就是很好的例证。随着社会的发展、产品市场的繁荣，用户对产品和服务的要求与期望越来越高，消费者的需求结构也发生了变化。第一，消费者多样化和个性化的需求越来越多，这一需求带有较大的不确定性。企业要在新环境下谋求发展，就要扭转生产管理模式，从标准化生产向定制化生产转变，由以往"一对多"的生产模式向"一对一"的定制化服务转变。第二，企业不断提高产品的功能、质量以及可靠性。第三，在满足个性化需要的同时，价格仍能保持批量生产时的低廉水平。

个性化需求使多品种、小批量生产在企业生产中逐渐占据更重要的地位，同时也导致企业控制生产成本出现较大困难。而全球供应链的出现有效连接了制造商与供货商，为控制生产成本带来新思路。企业应该认识到，尽管个性化定制生产可以提高产品质量，提升客户满意度，但要保持相对低廉的价格，这就对企业经营管理提出了很高的要求。

（四）产品品种数量增长带来库存压力

为满足消费者多样化需求，企业加大产品研发的力度，新产品上市周期缩短，产品品种、数量成倍增长，从而带来很大的库存压力。库存占用生产资金，又对企业资金周转率提出了更高要求。

二、企业管理模式改革的发展方向

管理模式是一种系统化的指导和控制方法，其将企业中的人、财、物以及信息资源以一定的模式转化为市场所需的产品与服务。从企业建立的那天开始，质量、成本与时间就成为企业运作的核心，企业管理模式就是在这三者的基础上发展起来的。质量是企业的立足之本，成本控制是企业的生存之道，时间是企业得以发展的源泉。

如果产品质量不好，就无法获得消费者信任，企业也就不能在市场中立足；缺乏成本控制，企业就丧失了进行价格竞争的资格，无法保障生产过程有序运转；为满足消费者需求，企业需要在一定的时间范围内为消费者提供产品和服务，因此生产周期是企业发展的重要一环。

（一）转变企业管理模式

1.从"纵向发展"模式向"横向发展"模式转变

出于资源占有以及生产控制的需要，企业以往常常倾向通过向上、下游延伸扩大自身规模，例如供应商或收购销售商，即"纵向发展"的模式。中国企业尤其是传统国有企业大都属于"大而全"和"小而全"的经营模式，就是"纵向发展"的典型表现形式。

例如，很多企业在发展过程中逐渐具备了零件加工、装配、包装、运输等能力，但产品开发与市场营销能力却没有相应提升，产品开发、生产和市场营销呈现中间大、两头小的"腰鼓型"模式。"腰鼓型"企业在新的市场环境下无法快速响应用户需求，因此失去了很多机遇。在市场比较稳定的条件下，"纵向发展"模式是非常有效的，然而在市场需求逐渐变化、市场竞争越来越激烈的情况下，"纵向发展"模式显现出诸多弊端，主要表现在以下几方面。

（1）企业投资负担增加

"纵向发展"要求企业投入较多资金，无论是新建工厂还是参股、控股其他企业，企业都需要拿出"真金白银"，占用了大量的企业资源，增加了企业的投资负担。

（2）企业需要经营不擅长的业务

"纵向发展"使企业"大而全"或者"小而全"，管理人员数量膨胀，并花费大量时间、精力、资源在多项辅助性管理工作中，忽略了关键性业务，最终导致企业丧失竞争优势。

（3）企业面临多业务领域竞争

"纵向发展"模式存在的另一个问题就是，由于企业业务链条长，需要在多个业务领域与不同的竞争对手展开竞争。但是，企业的资源、管理精力有限，严重影响企业的发展。

随着信息网络化的不断发展，企业之间开展业务合作更加方便，企业生存和发展更聚焦打造核心竞争力，集中精力夯实自身优势。因此，"横向发展"成为企业扩张的主流模式，这一模式的发展要点是企业做好核心业务，在产品价值链中深挖关键技术。

2.企业资源管理核心从内部向外部转变

在生产计划和管理控制层面，企业在各个时期的发展重点是不同的。20 世纪 60 年代之前，企业通过批量生产、安全库存与订货确定来保障生产过程的稳定；20 世纪 60 年代之后，精细化生产等方式出现，提高了企业的经营效益；20 世纪 90 年代开始，全球经济一体化格局逐渐形成，消费者需求特征有了很大的改变，对企业的市场竞争能力提出了新的要求，传统企业资源管理已不能与新的竞争形势相适应，市场要求企业能以最快的速度回应用户需求。想要达到这一目标，仍依靠企业现有资源是远远不够的。因此，"纵向联合、横向深挖"成为企业资源管理模式调整的必然选择。

（二）供应链管理模式产生

1．"敏捷制造"

在现阶段市场竞争格局中，仅依靠企业自己的资源是很难满足市场需求的，自身经营也很难取得理想效果。"敏捷制造"属于制造业在战略高度的一次变革，面对全球化竞争买方市场的局面，企业必须能够快速重构生产单元，以充分自治、分布式的协同工作取代金字塔式多层管理结构，追求员工创造性的充分发挥，将企业间的市场竞争转化成有竞争、有合作的"共赢"。

2．供应链管理模式

因为"纵向"管理模式存在很多不足，因此很多企业从该类型的经营管理模式转向"横向"管理模式。对企业管理来说，就是从企业内部扩张转向外部扩展，以共同利益为目标，实现企业之间的结盟。"横向发展"建立起由供应商到制造商再到分销商的链条。在链条中，各节点企业需要实现同步、协调发展，也只有这样，才能使链条上的企业受益。因此，出现了供应链管理模式。

"敏捷制造"与供应链管理都是将企业资源管理范畴由传统的单个企业扩展到整个社会，不同企业因市场利益达成战略联盟，联盟共同"解决"满足顾客需要的问题。

供应链管理需要运用现代信息技术改造业务流程，重塑供应商与企业及客户的关系，提升企业竞争力。运用供应链管理模式，能够使企业在较短时间内寻找到合作伙伴，通过更低的成本、更快的速度以及更优的质量在市场中占据一席之地，受益的不仅是生产制造企业，还包括供应链上的企业群体。

三、新型企业管理模式和管理工具——ERP

ERP（Enterprise Resource Planning），即企业资源计划。ERP 是一种企业管理思想，也是新的管理模式。作为企业管理工具中的一种，它的突出特点是基于先进的计算机管理系统。

（一）ERP 的功能标准与含义

制造业企业的基本运营目标，是通过较少的资金投入获得最大利润。要达成这一目标，以下几个方面的任务是企业管理者必须完成的：一是制定合理的生产计划；二是合理管理库存；三是充分利用设备；四是均衡安排作业；五是及时分析财务状况。

随着市场竞争越来越激烈，技术优势变得更加重要。企业没有技术优势，也就失去了竞争优势。所以，谋求技术优势成为当下企业发展的重点。企业管理也要与时俱进，与市场竞争需求相适应，为企业发展提供竞争制胜的武器。也因此，ERP 有了更加广泛的应用。

ERP 在管理中的功能标准主要体现为四点：一是超越 MRP II（制造资源计划）范围的集成功能；二是支持混合方式的制造环境；三是支持能动的监控能力，帮助提升企业绩效；四是支持开放的客户机/服务器计算环境。

ERP 管理将企业内部制造流程与供应商资源结合起来，体现了按照用户需求进行生产的管理思想。它将制造企业流程看作紧密连接的供需链，包括供应商、制造工厂、分销网络以及客户；将企业内部划分为几个相互协同作业的支持子系统，例如财务、市场营销、生产制造以及质量控制、服务和工程技术支持等。

ERP 是将企业资源进行整合集成管理，简单地说是将企业三大流，即物资流、资金流与信息流进行全面一体化管理的管理信息系统。ERP 是以信息技术为前提建立的，通过现代化企业管理思想，对企业资源信息进行集成并为企业提供一定的决策、计划与控制的平台。

（二）ERP 发展

ERP 概念最初由加特纳集团（Gartner Group）公司提出，后来他们又提出了新的概念，即 ERP II。ERP II 是运用更为先进的计算机技术扩大管理范围、重组企业流程。"资源整合，流程再造"可以概括 ERP II 的管理思想。具体来说，ERP II 主要是整合企业内部资源，合理规划采购、生产、库存、分销、财务等。ERP 的触角会伸展至企业生产经营活动的每个环节，通过对各环节的"再造"，使企业生产实现最佳资源组合，进而提高经营效益。

（三）ERP 的有关概念及在计算机技术中的发展

1.ERP 的有关概念

（1）物料编码

物料编码也称物料代码，是计算机系统中唯一标识物料的代码，其主要涉及物料技术信息、物料库存信息、物料计划管理信息、物料采购管理信息、物料销售信息以及物料财务相关信息等。

（2）物料清单

物料清单，是指用规范的数据格式来对产品结构进行详细描述的文件。物料清单特别强调物料代码资料的准确性，要求重复率为零。此外，物料清单准确率要超过 98%；库存数据的准确率要大于 95%；工艺路线的准确率要大于 95%。

（3）虚拟件

虚拟件是指为了对物料清单实施简化管理，在产品结构中出现的虚构物品，它们并不出现在图纸和加工过程中，其主要作用是便于管理，例如，组合采购、组合存储和组合发料等。在处理业务的过程中，计算机系统只要对虚拟件进行操作就能够生成业务单据，为企业管理提供极大的便利。

（4）工作中心

工作中心是对生产加工单元的统称。由一台或者几台功能一样的设备以及员工、小组或者是工段组成的装配场地，甚至是一个具体的车间都可被看作工作中心，工作中心使生产流程大大简化。

（5）提前期

企业生产提前期是指整个产品生产周期，主要包括生产准备提前期、采购提前期、生产加工提前期、装配提前期等。生产准备提前期是指由生产计划开始到生产准备完成所需要的时间；采购提前期是指采购订单下达之后到物料入库的全部时间；生产加工提前期是指从生产加工的投入开始到生产完工入库的全部时间；装配提前期是指从装配投入开始到装配完成的时间。

（6）工艺路线

工艺路线是对物料的具体加工、装配顺序以及每道工序的工作中心进行说明，也是对各项工作的时间要求、外协工序时间以及费用进行的说明。

（7）主生产计划

主生产计划简称为 MPS（Master Production Schedule），这是对所有具体产品在不同时间段生产状态的计划。主生产计划是按照生产计划、预测和客户订单对未来不同生产周期的产品种类以及数量进行规划，以便使生产计划有效地转换为产品计划，平衡物料与生产能力，落实时间、生产数量等。主生产计划是对企业一段时间中生产活动的具体安排，是通过生产计划和具体订单以及对历史销售数据的分析综合制定的。

（8）物料需求计划

物料需求计划，简称 MRP（Material Requirement Planning），这是关于生产计划中所有项目采购进度的计划。物料需求计划主要解决五个问题，即需要生产什么，一共生产多少？需要运用什么？现在都有什么？还缺什么？怎样安排？物料需求计划是在生产计划确定之后制定的，这是生产部门有序运转需要严格遵守的计划。

（9）能力需求计划

能力需求计划，简称 CRP（Capacity Requirements Planning），是指对生产所有阶段和工作中必需的资源进行精确计算，最终获得人力负荷和设备负荷等数据，并以此制定的计划，企业据此实现生产能力和生产负荷之间的平衡。能力需求计划属于短期计划，其需要处理的问题有：物料需要通过哪个工作中心加工？工作中心可用能力有多少？各个时段的可用能力和负荷是多少？

（10）粗能力计划

粗能力计划简称 RCCP（　　　　　Rough Cut Capacity Planning），是指对关键工作中心的能力展开评估后制定的生产计划，其对象是指"关键工作中心"。主生产计划的可行性是通过粗能力计划校验的。粗能力计划评估按照以下步骤进行：一是建立关键工作资源清单；二是确定工作中心的负荷和能力，框定超负荷范围；三是确定负荷是由哪些因素确定的，需要占用的资源现状，以便管理者对工作中心的生产能力进行评估。

（11）无限能力计划

无限能力计划简称 ICP（Infinite Capacity Planning），指在物料需求计划的过程中不考虑生产能力方面的局限，对工作中心能力和负荷进行计算，获得工作中心负荷数值，产生能力报告。如果实际生产负荷大于能力，就需要调整工作中心的负荷。

（12）有限能力计划

有限能力计划是指在工作中心能力没有发生任何改变的情况下，生产计划需要根据优先级安排进行。当工作中心的负荷已满时，优先级别低的物料就会被推迟加工，也就是订单被推迟。这一计划不需要评估负荷与能力。

（13）投入产出控制

投入产出控制还被称为输入、输出控制，是衡量生产执行情况的一种方法，是计划和实际投入与计划和实际产出的控制报告。

2.计算机技术中 ERP 的发展

计算机技术中 ERP 的发展主要表现在软件方面，例如客户终端与服务器的体系结构、数据库技术、图形用户界面、面向客户的技术及开放等。

综上所述，ERP 彻底突破了以计划为生产核心的管理思想，更看重对企业供需链和信息集成的管理，能迅速提供企业内部、供销渠道、市场营销以及金融动态等方面的最新信息，便于企业管理者分析处理，进而以最快的速度做出反应。

第二节　加强财务控制

一、控制与财务控制的含义

控制是为实现计划目标提供重要保证的手段，是对所有工作项目与计划内容符合与否的确定，是对所有计划的实施以及所制定原则一致性的保证。在管理工作中，控制手段实施的目的是明确工作中存在的问题，弥补工作缺陷，以提高工作效率。正确实施控制手段需要明确控制对象的工作范围，防止领导干预基层工作，避免出现对基层部门的"双重领导"或者控制不力等情况。

在企业的管理控制中，财务控制最为重要。但在管理实践中，企业管理者对财务控制工作的重视不够，缺乏专业性，这是企业发展效益难以提高的重要原因之一。因此，加强财务控制工作，将其作为企业管理的独立一环很有必要。

二、财务控制的主要手段

企业所有的财务活动都需要通过控制实现。企业相关专业人员通过规章制度对预算的实际运行过程进行控制，对结果进行评估，将评估结论反馈给管理层，以推动企业管理不断接近、实现经营目标。通过对财务活动的管理实现企业的短期与长期经营目标，是财务控制的主要内容。通常而言，财务控制具体的实施方式分为四种。

（一）定额标准控制

定额控制是将定额作为企业资金运动中的控制实施标准。凡是与定额相符合的业务即提供支持，确保资金充足；当业务超出定额要求时，需要对超出原因展开分析，采取有针对性的处理措施。

定额管理是企业通过明确的定时定量要求对财务工作实施管理，构建具有科学依据且行之有效的定额标准，根据其内在联系建立定额体系。根据管理内容，定额体系主要包括资金定额、费用成本定额、设备定额、物资定额；根据性质，定额体系又可划分为效率定额、状态定额和消耗定额。

企业实施定额管理需要保障两项基础工作，即计量与验收。计量与验收工作包括对原材料的使用，及对物资采购、入库、使用以及出库、转移等各环节内容进行监管，对实施效果进行验收、评估。

（二）授权控制

授权控制属于事前控制的一种，其可以事先防范财务活动中不合理、不合法、不正确的经济行为，将财务活动控制在活动产生效用之前。授权管理的实施方法是借助授权通知书明确责任事项与资金使用范围、额度。授权控制实施原则是对授权范围内展开的行动给予百分之百的信任，对授权之外的行为坚决制止。

授权分为两种形式：一般授权与特别授权。一般授权是企业内部基层管理者根据既定预算标准、计划内容与制度规范，在其权限范围内对合理合法的正常经营行为予以授权；特别授权指非常规经营行为需要对其展开专门研究之后再实施授权。与一般授权不同，特别授权是以某些特别的经营业务为对象，此类经营业务具有一定的独特性，通常不会以预算标准与计划内容作为参考依据，需要在实施中根据实际情况对其进行具体的研究与分析。

在企业财务管理中，一般授权普遍存在，通常将其权限授予基层管理人员即可。一般授权不仅能提高工作效率，还能保证企业经营的灵活性与主动性。特别授权由于缺少参照依据与完善的规章制度，基层管理者无法直接对其负责，也不具备直接处理相关业务的权力，需要高层管理者甚至企业领导者在专门研究后作出决定。

通常而言，大部分经营业务的授权都无法在一次过程中完成，而是需要经过两次或两次以上相关程序才能实现。例如，采买业务需要事先由物资使用部门填写购物申请，得到授权后提交采购部门，后者展开订货活动。物资到位后，需要向会计部门提交发票、运单与验收报告等信息资料，经过会计部门审查同意之后才可以付款，至此一次经营业务活动完成，授权也完成。换言之，采买业务的授权通常包含先后两次授权活动：第一次授权活动是在采购活动开始之前，对该活动的展开予以批准；第二次授权活动是在付款之前，对采购活动的完成提供保证。

企业经营活动中的授权控制需要确保以下几个方面：存在不合法的行为不能授权是最基本的授权控制要求。"责、权、利"三者结合作为授权控制的基础，拥有授权权力的责任人要根据企业相关规定，在权限范围内展开授权活动，不能越权授权。未经授权，企业所有经营活动都不能实施。这一授权原则能够确保企业经营活动的合理性与合法性，能够将不合规定的经营活动控制在实施之前，为企业安全、合法经营提供保障。

一方面是必须合规授权；另一方面，已被授权的经营活动必须严格执行，如果因故无法执行，需要及时向上级报告，不得擅自更改授权内容或方案，以保证经营活动按照授权方案展开。

（三）预算控制

财务预算属于控制机制的一种，在实施过程中对预算主体与预算单位展开的经营活动起指导和调节作用，体现为"自我约束"与"自我激励"。换言之，预算起一种标杆作用，帮助预算执行主体明确目标，掌握现阶段企业发展状况，明确实现预算目标的路径。预算是否能够完成应与其自身利益相关联，因此预算控制是对预算行为的约束。同时，预算也是对财务预算主体实施有效考核的依据。因此，在企业整体发展中，财务预算不仅控制执行主体的行为本身，而且控制行为的结果，属于企业管理机制中的重要组成部分。预算控制的作用包含以下几个方面：①尽可能为预算的实现提供保障；②将预算目标与实际业绩进行比较，使高层管理者充分掌握企业业务经营情况；③对目标与实际经营成果之间的差异展开分析，对差异产生的原因进行研究，以发现和解决企业经营中存在的问题；④定期对实际经营成果与预算两种业绩展开比较，为企业经营效率的提高提供保障；⑤强化企业的经营管理工作，提高企业经营效率。

企业应从三个层次构建规范化的预算管理体系：第一，在高层管理者中建立规范的预算体系，如在《公司章程》与股东大会等层次制定相关预算条款。第二，在中层管理者中推行预算规范。第三，在具体业务部门建立规范的预算制度与预算管理办法。

财务预算以董事会、经营者以及公司各部门所有员工的责、权、利三者关系为基本出发点，要使企业全体员工明确各自的预算权限、预算目标，以确保预算工作中的决策、执行、结果三者之间统一协调发展，推动企业整体效益的提高。

企业应将预算作为加强管理的重要手段。财务预算的本质要求是所有经营活动以预算目标为中心，促进经营策略在预算执行中有效落实。预算目标主要包括利润、成本、销售、现金流量等内容。当预算目标确定后，其在企业内部便被赋予了一定的法律效力，各部门为推动生产营销与相关活动的展开需要对财务预算中存在的可能性做全面考虑，以实现预算目标为中心推动经营活动的开展。

以实际效益为预算结果的考核依据，实施奖惩制度。对企业最终决算与预算目标进行比较，根据各责任部门的预算执行结果，进行绩效考核。此外，相关部门需根据预算执行情况对出现偏差的原因进行分析，制定有针对性的改善措施，必要时对预算方案进行调整。

（四）实物控制

企业实物包括资产、物资、会计账目等。对实物实施控制是为了对所有实物的安全性与完整性提供保障，避免出现舞弊等行为。

实物控制工作内容包括：

1.限制接近实物

该措施是为了降低或防止实物被盗或被损毁等情况出现，通过明确责任对实物提供保护。例如，对接近实物的人员进行严格控制，必要时须经相关部门批准才能接近。通常而言，企业特别需要对两类实物实施限制保护：其一，现金。现金管理必须严格，只有专职出纳人员才可接近。企业应设置专职保管人员对其进行管理，未经批准，任何人员不得接近现金。其二，账目报表，包括与企业资金项目等相关的资料报表等。此类实物涉及企业发展状况，是企业商业机密，应该严格限制接近，未经批准任何人不得接近与浏览，以避免篡改数据、销毁资料或数据外泄等情况的发生。

2.实物保护

实物保护能够有效避免实物被盗或被损毁等情况发生。例如，安装保险门、保险柜等设备避免实物被盗；设置灭火器等消防设备，避免火灾发生等。对实物保护情况应定期进行检查，及时消除安全隐患，避免实物受损。

3.定期清查

企业根据经营特点，需要定期对财务、物资等实际存储数量进行全面检查，通过定期盘点与轮番盘存相结合的方法，充分了解与妥善处理盈亏情况，确保实存数与账存数两者相符。

第三节　创新管理理念

管理者实施管理必然是在一定的管理理念指导下进行的。正确的管理理念能确保管理者准确分析企业经营中出现的问题，充分发挥企业管理职能。管理理念的创新对企业管理的各项活动具有重大的指导价值。

一、观念与创新性思维

管理创新活动属于创新活动。创新是改变旧事物，创造新事物、新规则。创新是发展的根本动力，是事物内部新因素与旧因素矛盾斗争最终形成事物发展的过程。

（一）创新的意义

思想观念影响人们的行为，社会变革以思想解放为前提，因此创新需要观念引导。企业管理理念创新就是通过新的思维方式分析与研究企业管理工作中的现实问题，并据此采取有针对性的措施，发展新途径，创造新成果，开拓新局面。

变化是企业发展中唯一不变的。不变是相对因素，变是绝对条件。企业发展就是不断改革组织结构与经营流程，以实现与消费者需求相适应。其中，变化所体现的就是创新。企业创新与社会发展和科技进步密不可分。社会发展，就是企业通过创新实现与时代发展同步；科技进步，就是企业通过创新将科技成果转化为市场需求。在激烈的市场竞争中，创新是企业制胜的关键因素，是企业发展的根本。

（二）创新的特征

1.新颖性

创新是对没有解决的问题实现有效处理。创新不是模仿，是通过继承传统实现新突破。因此，创新所得成果是前所未有的，是新颖的，包含以往没有的新因素。

2.未来性

创新所解决的问题是以往所没有解决的，是面向未来的，其重心放在未来。在管理活动中，创新者需要围绕未来发展制定计划、设计方案，推动企业在未来实现更好的发展。

3.价值性

创新成果具有普遍的价值，主要包含经济价值、学术价值、实用价值、艺术价值等。企业管理者通过制定与实施新的管理措施对以往没有解决的问题实现有效处理，就具备一定的创新管理价值。

4.先进性

先进性的存在需要与旧事物相比较获得。缺少先进性的创新成果仅具有新颖性与价值性，仍无法成为旧事物的替代物。

（三）创新性思维的发展过程

创新性思维具有一定的复杂性。管理者充分掌握创新思维的特点能够有效促进创新成果的出现。创新性思维的发展过程一般分为四个阶段：定向、逼近、成型与深化。

1.定向阶段

在定向阶段，创新者主要是收集信息，对问题展开初步研究，包括问题的性质与多方面特点。创新者通过联想，从以往的工作经验中获得启发，成为创新的重要依据。

2.逼近阶段

在逼近阶段，创新者需要动员自身最大的能量，释放与运用所有能量和才能，对所追踪的目标进行研究、思考和冲击。逼近阶段属于创新思维发展过程中最为紧张的阶段。

3.成型阶段

创新者需要灵感推动，灵感是经过深思熟虑获得的。创新者获得灵感，通过灵感产生新的观点，形成对应结论。灵感的出现可能十分突然，但是新观点与结论需要经过长期的积累才能形成。

4.深化阶段

创新所得的观点与结论并非完善的，需要经过反复验证，才能得以丰富与完善，才能更好地建立创新的观点和结论。

创新性思维发展的四个阶段相互渗透与影响。一般情况下各阶段的次序不会颠倒，前一阶段的实施是后一阶段的基础，后一阶段包含着先前阶段的成果。例如，逼近阶段是对定向阶段的调整，深化阶段会有新灵感产生。有时前一阶段与后一阶段无法截然分割，甚至融为一体。创新性思维持续时间长短不一，这主要取决于创新的复杂程度与创新者思维能力的不同。创造性思维具有一定的复杂性，属于辩证思维活动，是对多种思维方法的综合运用，因此无法复制。

（四）创新性思维的基本形式

创新性思维属于思维模式的一种，它包含基本的思维形式，主要分为以下几个方面。

1.理论思维

一般而言，理论属于原理体系，理论思维是理性认知经过系统化所形成的思维形式。理论思维具有一定的科学性与真理性。一旦理论思维出现混乱，或与客观规律不相符，其运用的结果就是失败的。

理论思维在实践中有广泛的应用。例如，通过系统理论思维在系统工程中的运用，对系统内与之相关的问题进行有效处理的现代管理方法。系统工程属于科学方法的一种，借助系统工程可以实现对组织系统更好的规划，创造更为有效的方法。

2.直观思维

直观思维通常是指生活中外界事物在人们大脑中产生的感觉，其特点主要是生动性、具体性与直接性，是创新性思维的基础。直观思维一般是由人们的观察力、想象力与记忆力决定的。人们进行创新性活动通常是基于知识的积累，知识积累越多，其创造力就会越有深厚的基础。

3.倾向思维

倾向思维也是思维的一种基本形式，即人们在展开思维活动时具有一定的目的性与倾向性。在创新思维活动中经常会运用倾向性思维。一般情况下，创新者接触某一事物时会从一定倾向出发，在思考问题的过程中会产生灵感或者顿悟，最终创造或开拓新的思路、模式或方法。

人们对事物的认知并非完全呈直线形态，通常会有曲折，甚至会有多次反复，才可以获得对事物的正确认识和理解。不论过程如何，认知过程中都会有一定的改变，灵感与顿悟也会在无意中出现。

4.联想思维

客观事物之间存在一定的联系，联系具有相互性，事物之间的联系会在人们大脑中产生不同的反应，并成为不同联想产生的依据。联想思维是指由某一具体事物联想到另一种事物而产生认识的心理过程。人在思维过程中，联想思维运用得十分频繁。例如，看到一件物品想到与其相关的人、事、物，或者通过一件事情联想到与其相关的其他若干事情。联想思维在创造发明、对人的创造力的开发方面具有非常积极的意义。

5.逻辑思维

逻辑思维是通过将科学方式与抽象概念进行结合，对事物的本质进行解释，对现实结果进行认知表达。逻辑思维存在于人们的认知过程中，通过概念对现实的反映进行判断与推理。逻辑思维属于严密性较强的科学思维形式，要求与客观规律相符合。在反映现实的过程中，逻辑思维能力的强弱在一定程度上是与主体知识的丰富性相关的。它不仅会影响创造的成功与否，还关系创造时间的长短。随着计算机技术的应用，逻辑思维在各个领域的影响越来越显著。

创新并非创新者主观臆想的结果。其产生过程需要大量观察与反复思考、分析，并根据事先搜集的依据进行判断，展开推理。创新过程要求不断接受客观规律的检验，最终得到符合逻辑的结果。

逻辑思维在管理工作中被广泛应用。随着管理创新活动广泛开展，企业管理者会主动培养员工的创新、创造能力，并对企业未来发展展开研究预测，在这个过程中，逻辑思维能力的高低成为关键的影响因素。因此，对企业管理者而言，逻辑思维是极为重要的管理工具。

6.发散性思维

发散性思维是一种从不同的方向、途径和角度去设想、探求多种答案，最终使问题获得圆满解决的思维方法。在管理实践活动中，问题解决方案通常是由具备较强发散性思维能力的人提出的，发散性思维在处理实际问题时常常能另辟蹊径，完美解决问题。

二、过程创新

"过程创新"是为了推动管理活动中成本、品质、服务等多方面的有效调整与改善，其立足于管理基本原则，是对传统理论的完善。在"过程创新"理论中的"过程"需要具备两个以上的要素，企业生产经营活动的展开是多个过程的综合，包括管理过程与工作过程等，每个过程都需要由两个以上的环节或要素组成。例如，企业订货管理过程由订单接收、产品开发、按需制造、发货等要素组成。创新企业管理就是对管理过程中不合理的部分加以改善，通过以更为科学合理的方式取代传统过程，促进企业管理效率和经营效益的提升。

（一）过程创新要与企业规范创新相结合

过程创新需要立足新的发展角度，对过去的工作方法与管理方法进行重新设计，其本质是对企业传统管理理念的突破。企业在发展过程中会逐渐形成一定的工作方法与管理惯例，随着这些方法和惯例应用时间的增长，其中的做法和程序就会形成固有模式，最终成为企业规范。过程创新实际上是打破企业原有规范的制约，重新建立与企业经营现状相适应的新的企业规范。

（二）过程创新要重视学习

过程创新就是打破旧观念，接受新观念，摒弃熟悉的方法，适应新方法。过程创新需要人们学习更多的新知识、新理念、新方法。学习能够帮助人们正确认识创新的必要性、紧迫性，有助于旧规范的改变，有利于推动新管理方法在企业的应用。例如，企业可成立学习小组，组长由总经理亲自担任。小组成员需要根据企业提出的创新发展目标广泛搜集、学习新的理论和知识，学习过程与企业管理创新过程紧密结合，小组成员通过交流、讨论、思想碰撞等最终形成企业管理创新方案。

（三）重视培养创新型人才

过程创新需要人才支撑，开发人才是促进过程创新的重要一环。人是企业发展的原动力与主体，在过程创新理论观念中，与技术开发相比，人才开发更为重要。为了促进人才培养，企业需要营造良好的崇尚学习、尊重人才的氛围，给人才以更多的表现机会。

企业过程创新不能过多纠结成败，要为创新型人才的创新活动营造一个宽松的环境。在过程创新中，试验、失败、再试验、再失败，直至最后成功是其自然规律。

（四）领导者是过程创新的推动者

过程创新与企业根本变化相关联，因此企业实施过程创新需要最高决策者的全力支持。实际上，企业实施过程创新大部分是由最高决策者发起的，但是在过程创新的实施中，会涉及较多的、十分具体且针对性较强的工作内容，需要中层管理者与基层管理者共同承担。在过程创新实践中，最高决策者所扮演的角色主要是思想者与教育者，具体的创新活动由管理人员和员工展开。因此，领导者需要授予下属更多权力，以促进其更好发挥主动性。某些过程创新活动甚至需要企业全员参与。

（五）加强研究开发是过程创新的保证

过程创新还应加强企业的研究开发能力，并为企业的创新发展营造良好的氛围。当然，研究开发不只是技术开发，还有工作方式的创新以及管理工作内容的研究与开发等多方面内容。过程创新的工作内容十分复杂，但其基本思想在企业组织中的运用取得了良好效果。因此，在未来企业发展中，过程创新理论会获得更大的发展与应用空间。

三、系统特征与管理系统

（一）系统与系统理论的概念

系统是为达到特定共同目标形成的一种具有多要素的发展体系。系统的组成要素又被称为"子系统"或者是"分系统"，是系统中的系统，也是系统理论研究的对象。不同的子系统构成的系统具有不同的特征。

系统理论是一门关于系统构成、系统发展、系统演化的科学理论。系统理论的形成与构建对当代科学技术的发展产生了极大的影响。系统理论以自然科学为研究基础，通过将自然科学与社会科学、人文科学与技术结合到一起，实现对不同学科的完善与整合，推动现代科学知识体系的形成与发展。系统理论在现代管理实践中扮演着重要角色。系统理论以系统特征与系统概念为基础，指导企业管理系统的优化与整合。

（二）系统特征

从系统理论看，一般系统主要具备六个方面的特征，即集合性、整体性、关联性、目的性、有序性与适应性。

1.系统的集合性

系统的集合性主要表现在系统组织构造方面。系统是一个有组织的整体。从事物的形成过程来看，事物的一切组成部分是构成系统的基本要素，系统是各要素之间的集合。因此，系统的要素又被称为系统的子系统。

2.系统的整体性

通常情况下，系统由两个或者两个以上的要素（子系统）构成，具有较强的综合性与整体性。系统的各构成要素虽然具有较强的个性，但它们按照一定的逻辑结构或者统一标准构成系统后，会显露出明显的整体性特征。系统并非各要素的简单集合，否则它将不具备整体性与特定功能。因此，尽管系统中各项要素不具备完整性，但是多个不完整要素组合在一起，就形成了一个功能良好的整体系统；若多个要素都具备完整性，却无法组合在一起，也就无法形成功能良好的系统。

3.系统的关联性

一般系统内各要素之间具有密切的联系，且各项要素之间能够相互作用，在系统中具有一定的依赖关系。因此，系统各个要素之间呈现既相互独立又彼此关联的状态。

4.系统的目的性

系统在构建过程中具有一定的目的性，它是为达到某种目的而具备特定功能。例如，企业为开展经营活动而设计、构建经营管理系统，就是利用企业现有资源，充分发挥各子系统的功能，实现对产品数量、成本、质量、利润指标的控制与管理。

5.系统的有序性

系统的有序性是指组成系统的各要素总是按照一定的顺序和方向发生作用。系统按照一定的数量关系与组织规律，对系统结构、状态、运行方式、发展方向进行整合与处理，为企业发展提供一个有序的管理环境，使员工对系统有一个清晰、明确的认识与理解，从而有序地执行生产任务，完成经营目标。

6.系统的适应性

系统的构建要有一定的层次性，以使复杂的内容变得清晰、简单、明了。系统是由多个子系统组建而成的，还可与另外一个系统构成更大的系统。子系统在系统内部形成一种相互联系、彼此依赖的共生关系；在系统外部形成一种相互作用的互补关系，使系统能够积极适应市场变化,保障企业稳定运行。例如,企业管理系统具有较强的复杂性、开放性,能够实现能源输入、劳动力输入、信息输入、原材料输入等,并做好服务输出、产品输出。如果系统设计生产出来的产品无法适应市场需求,则要通过各项检查与试验,对生产计划和流程进行优化调整,实现对产品与服务的升级。

(三)管理系统

在组织管理活动中,组织系统主要由行政管理与职能管理两部分组成。通常情况下,将组织系统中涉及的行政管理部门、职能管理部门、业务管理部门统称为组织的管理系统。在整个组织系统中,管理系统是核心,具备决策、计划、组织、协调以及控制职能。管理系统能够将多个要素组合在一起,使其形成一个完整的体系,从而保障企业的日常运转。

管理系统各部分之间的关系、各部分之间的相互联系组成了整个系统的结构框架。可从管理层次与管理职能出发,对管理系统进行分类。从管理层次视角看,管理系统可分成基础管理系统、中级管理系统与高级管理系统三个层次;从管理职能视角看,可将管理系统分成决策管理系统、计划管理系统、组织管理系统、协调管理系统以及控制管理系统。

1.基础管理系统

在组织管理系统中,基础管理系统是最基础、最根本的一种管理系统,其主要涉及各项应用技术,因此也可称为技术管理系统或者操作管理系统。该系统为系统总目标的实现奠定基础。

2.中级管理系统

以基础管理系统为基础,通过组织、规划、管理,实现对基础管理系统的延伸与拓展,进而形成中级管理系统。该系统为系统目标的实现带来动力,是高级管理的中间决策环节。

3.高级管理系统

系统的最高目标需要依靠高级管理系统组织、推动来实现,该系统又被称为战略管理系统,属于管理系统的最高层次。其职能是以系统所具备的整体性为突破口,对系统发展建设中存在的战略性问题进行处理,为系统的运行与发展创造有利条件,充分发挥系统价值。

第四节　人本管理思想在企业管理中的运用

随着知识经济时代的到来，全球经济一体化趋势明显加深。近年来，世界各跨国公司都瞄准了中国市场，不断加大投资，给我国企业带来了巨大冲击。过去，我国企业大多采取粗放式管理模式，虽然改革开放后我国企业发展迅速，但大多没有形成自己的核心竞争力，很容易受外部环境的影响。企业要想获得持续的竞争力，在激烈的市场竞争中求得生存与发展，就必须不断加强企业管理。

人本管理即"以人为本"的管理。《易经》中"观乎天文以察时变，观乎人文以化成天下"，就包含了深刻的人本思想。春秋诸子也提出了以人为本的思想，如管仲："夫霸王之所始也，以人为本。本治则国固，本乱则国危。"（《管子·霸言》）他认为王者霸业有良好的开端，是因为以人为本。人本管理思想就是将"人"作为管理活动的根本，这种管理思想认为如果脱离了"人"这个主体，任何管理都没有实际意义。

人本管理将人作为管理中心，一切制度和方法都围绕人来制定、执行。传统管理将人作为实现企业目标的工具，人只是一种生产工具。人本管理将人作为目标的实现者，强调企业与员工"双赢"。人本管理将人作为管理中心，突破了将人看成是实现企业目标"工具"的局限性，充分尊重人，重视人的尊严、价值、思想，使人在特定工作岗位上发展自我，实现自我。企业的成功也是员工的成功，企业目标的实现也是员工人生目标的实现。

当管理者为员工提供使他们的个人目标得以与企业目标相一致的机会时，组织就会永远有效、有力。人本管理不是简单的口号，也不是"以物为本"的对立面，而是人本思想与管理实践的完美结合，它注重以人为本的管理思想，管理规程和操作规范的形成都基于这个思想。

人本管理是企业管理未来的发展方向，重视人本管理，将有助于企业管理者设计一套行之有效的管理体系，有助于极大地提高企业管理团队的工作效率，在企业内部形成良好的运行机制，营造一个有内在激励机制的、有价值驱动的工作环境，创立一项值得员工为之承诺付出的事业，进而实现组织目标。

一、我国企业人本管理现状

（一）人本管理理念缺失

在企业管理中，不重视员工个人感受，采取简单粗暴的管理办法，在当下我国的企业中还比较普遍。如某些劳动密集型企业采取半军事化管理，员工下班后没有自由生活空间，甚至一言一行都受到企业的制约，这种管理方式严重损害了员工的尊严。又如在部分企业的生产车间里，生产线由线长管理，线长与员工直接接触。线长本应是员工的伙伴，为员工排忧解难，关心和帮助员工，然而，一些企业的线长主要工作是监督员工按要求完成工作任务，呵斥之声不断，根本没有让员工体会到重视员工、尊重员工的企业管理理念。

（二）"效率本位"思想突出

许多企业为了追求短期经济效益，常以加班为主要手段提高生产效率。我国《中华人民共和国劳动法》第36条明确规定："国家实行劳动者每日工作时间不超过八小时、平均每周工作时间不超过四十四小时的工时制度。"因工作性质或者生产特点不能实行标准工时制度的，应依据第39条："经劳动行政部门批准，可以实行其他工作和休息办法。"企业必须依据相应规定或办法，制定合理的加班薪酬标准。第41条规定："用人单位由于生产经营需要，经与工会和劳动者协商后可以延长工作时间，一般每日不得超过一小时；因特殊原因需要延长工作时间的，在保障劳动者身体健康的条件下延长工作时间每日不得超过三小时，但是每月不得超过三十六小时。"

（三）员工自我保护意识不强

近年来，虽然现代企业管理理念得到广泛应用，但仍有不少企业管理者只将其作为理论知识，并没有对照自身情况进行改进。如企业改革过程中需要"减员增效"时，企业往往只考虑减轻企业负担，很少考虑员工的利益，很少考虑被减员者的生活困难如何解决等。在员工方面，由于缺乏法律常识，很多员工很难自觉、主动地维权。这不仅造成了企业与员工之间的很多矛盾，甚至成为了社会不安定因素。

人本管理理念要求企业在其发展规划中考虑经济、人文、资源、环境等多方面因素，而不仅仅是企业利润指标。

二、如何实践人本管理

（一）强调主体参与

以人为本的管理就是强调人在管理中的中心地位，通过强调人的主体地位，激发人的主动性、积极性和创造性，从而提高生产效益。企业在生产管理中必须将员工看成管理主体，实施管理的目的是充分挖掘员工潜能，促进员工主动参与管理，进而提高企业生产效益和管理效益。

（二）尊重员工

"尊重"是企业管理者与员工间的情感纽带，只有给予员工充分的尊重与理解，才能使人本管理理念落到实处。俗话说："千里马常有，伯乐不常有。"员工的潜能是无限的，关键是企业管理者是否重视和能否激发员工潜能。企业管理的核心是人，把人管好了，才能使企业保持经久不衰的发展动力。

尊重员工，首先要为他们营造良好的工作环境，在心理上给予他们更多的支持，充分发挥他们的积极性和创造性；其次企业要公平对待每一位员工。

三、人本管理与企业建设

在人本管理理念下，企业的终极目标也是员工的终极目标，两者相互促进，是"双赢"的关系。员工在和谐、温馨的工作环境中，才能感受到工作的乐趣，提高工作满意度，进而激发出工作热情。只有将理念"口号"转化成工作规范，转化成员工的行为习惯，员工才能自觉遵守，主动奉献。当员工的个人目标与企业目标高度融合时，就能实现两者的"双赢"。

（一）制定企业愿景规划

为了更好地发展，企业往往会制定愿景规划，这是企业生存发展的动力。愿景能够凝聚人心，从而形成"众人拾柴火焰高"的合力，使员工为企业和个人的梦想努力奋斗。愿景规划要有一定的科学性，尽量简洁，主要遵循以下几个原则：一是简单明了，统摄企业整体理念；二是切忌浮夸，内容具体明确，能起到指导员工行动的作用；三是要具有一定挑战性，能激发员工的工作热情；四是具有可行性，员工通过努力可以实现。

（二）确立核心价值观

企业的核心价值观是企业为了实现所追求的目标而形成的一种价值观念。企业的核心价值观是企业哲学的组成部分，在企业内部出现矛盾时，核心价值观能起到疏解作用，它也是员工普遍认可的主张。

（三）加大企业文化宣传力度

企业文化是企业核心竞争力的重要组成部分，企业应加大企业文化的宣传力度，使企业文化深入员工内心。企业文化宣传方法多种多样，例如企业可以印制发放宣传手册、员工手册以及相关书籍等进行宣传；还可以建立企业门户网站，通过网站宣传企业文化。

（四）提升企业领导执行力

企业目标的实现是企业上下协同的结果，以企业领导为先锋，员工为组织力量，形成一种默契的氛围。在企业目标实现过程中，企业领导非常重要，特别是有实力的企业家，他的一言一行、一举一动展现出的人格魅力在企业建设中将发挥重要作用。因此，提高企业领导执行力在企业建设中起到非常重要的作用。

（五）规范劳动合同

企业应根据实际需要规范劳动合同，如对某些岗位实行"终身雇佣制"，这样可以培养一支技术高超、稳定、成熟的员工队伍，他们是企业的核心资产之一。对一些技术含量较低、流动性较强的岗位实行"短期合同制"，合同一般不超过3年，到期续签合同。一部分特殊岗位因工作期较长，可与员工签订中期合同。利用长、中、短不同期限合同方式，将优秀人才保留下来，同时不断在劳动市场中寻找新的人力资源，形成新老员工的合理比例，增强员工效能。

在激烈的市场竞争环境下，企业要不断增强自身竞争力。一个具有发展潜力的企业必然是一个学习型企业，企业通过学习不断增强自身实力、不断创新科技成果，使企业竞争力得到提升。优秀的员工也必然是创新型员工，企业应该尽最大努力支持他们，使他们发挥技术专长，让他们感受到自己的价值和企业对自己的重视。

以人为本不是以某个人为本，而是以企业全体员工为本。人本管理方法也不止一种，企业应通过各种方法的组合，达到最好的激励效果。

第五节　新经济时代背景下企业人力资源管理创新

新经济时代与传统经济时代相对，体现了社会主义市场经济的特殊性。新经济时代强调技术和人才两大要素，企业要想在新经济时代提升自身竞争实力，必须应用现代信息技术，培养新经济人才。新经济时代对企业发展提出了更高要求。为了适应国内外市场环境的变化，企业必须以人力资源管理为先导，推动人力资源管理创新。

一、新经济时代的内涵与特征

（一）新经济时代的内涵

所谓新经济时代，是指 20 世纪 90 年代后出现的、经济快速增长的时代。新经济时代有三大标志：第一是知识经济崛起。知识的重要性越来越突出，各国更加关注文化教育事业，提出终身学习和终身教育的理念。第二是虚拟经济。虚拟经济和实体经济是相对存在的，是实体经济虚化之后所产生的一个经济形式。经济的虚拟特征凸显，人们可以在虚拟数据支持下完成实体交易。第三是网络经济。网络信息技术与经济领域的融合不断加深，催生了电子商务等新的经济模式。

新经济与传统经济相对，体现了历史的进步和社会的发展。新经济以知识经济为基础，是经济全球化的重要表现方式。人们通过日常生活的变化时时处处能感受到新经济时代发展的威力，而企业在新经济时代则面临机遇、风险并存的局面。

（二）新经济时代的特征

新经济时代主要有如下几个特征：第一，网络信息技术飞速发展。网络经济是新经济时代的标志，在互联网的作用下，社会朝着信息化方向迈进，社会呈现出信息爆炸的趋势，企业需要分析整理的数据越来越多。第二，一体化趋势更加明显。各国经济互通，需求市场向全世界开放。在资源配置过程中，不论是国家还是企业必须扩大视野，更加注重其他企业、其他行业甚至其他国家资源的开发。新经济时代强调竞争的国际化，我国企业必须提升自身竞争实力，才能在更大的市场竞争中站稳脚跟。第三，经济发展速度加快。经济全球化势必加速经济发展，以我国为例，随着国内市场对国际开放程度日益扩大，与他国经济合作逐渐增多，经济持续稳定快速发展；企业获得更大的发展空间，人才需求不断增加，技术创新步伐也不断加快。

二、新经济时代企业人力资源管理创新的必要性

（一）推动生产经营向纵深发展

新经济时代对企业提出更高的要求，如何提高管理水平，以管理机制带动经济发展，成为企业关注的重点问题。对企业个体而言，三大资源至关重要：第一是人力资源，第二是物力资源，第三是财力资源。其中人力资源最为重要，物力资源和财力资源都以人力资源为支撑。新经济时代强调资源的优化配置，企业需要平衡人力资源与物力资源和财力资源之间的关系，不断尝试降低人力成本，将人力资源转换为经济效益。在传统人力资源管理中，企业以制度约束为主要手段甚至唯一手段，抑制了员工的积极性，阻碍了企业的可持续发展。推动人力资源管理创新，首先要使劳动力、劳动对象相适应，弥补制度约束管理模式的不足，让每个员工都能各司其职，各尽其能。

（二）提高运作效率

人力要素是企业之中最具活力的要素，每个个体都是独立存在的，都有自己的思维方式、情感，也有自己的个性尊严。企业担负着促进员工成长的重要职责，必须为员工创设良好的工作环境，激发员工潜能，发挥员工的聪明才智。新经济时代知识人才不可或缺，企业引进专业知识人才，可以创造更多智力成果，为企业赢得更大的经济效益。

新经济时代人力资源管理创新包括机制创新、理念创新、方法创新等多个方面的创新。机制创新规范员工行为，增强员工责任意识；理念创新尊重员工的主体地位，满足员工的现实需要；方法创新提升员工的综合素质，提高员工劳动效率。想要促进企业发

展，必须以人力资源管理创新作为先导。

（三）打造现代企业

新时代经济提出，构建现代企业，首先要建立现代企业制度，优化企业管理内容和手段。人力资源管理是企业管理的重中之重，企业所拥有的人才质量越高，创造的产品越多元、竞争力越强。员工都承担着不同的工作职责，如企业领导者对企业的发展运营直接负责，需要提升企业的经济实力，制定严密的企业发展规划；基层员工是人力资源管理的主体，需要在工作中全力以赴，完成工作任务。对人力资源管理体系进行创新，需要明确每位员工的工作职责，通过多种手段增强员工的向心力和凝聚力。

三、新经济时代企业人力资源管理创新内容

（一）创新要素

新经济时代，在人力资源管理创新过程中，应该关注以下两方面的工作：第一是培训，第二是绩效考核。培训直接关系员工的个人发展，企业培训教育水平越高，员工的个人发展前景越好。很多企业在人力资源管理中忽视员工培训，不利于员工的个人发展。随着网络信息技术更新速度的加快，人力资源管理也必须革新管理和方法。企业可利用信息技术手段，记录员工的个人信息，形成员工档案，并在档案中记录员工每次培训的内容和成绩，不断推动员工个人发展。绩效考核是企业以实现经营效益的最大化为目标，员工个人绩效越高，企业创造的经营利润越多。部分企业只关注眼前利益，忽略员工薪资待遇，挫伤了员工的工作热情，最终阻碍了企业的可持续发展。在人力资源管理中，企业应将绩效考核成绩与员工薪资联系在一起。这不仅能调动员工的积极性，还能提升员工对企业的向心力、凝聚力。以绩效评定薪资，还有助于挖掘员工潜力，以员工的自我发展带动企业的整体发展。

（二）创新举措

首先，企业应该注重人力资源管理理念创新。理念是行动的先导，可以指导员工的具体行为。在新经济时代，人本意识不断增强，以人为本的管理理念深入人心。企业领导层担当着企业发展的重任，因此需要不断更新管理理念，将员工放在企业管理的核心

位置。不同员工有不同层次的需求：一些员工经济条件较好，更注重精神满足；一些员工经济条件较差，更关注生活水平的提升。企业领导层应该与员工建立良好的互动关系，把握员工现实需求，解决员工的后顾之忧。

为了让员工有一个良好的工作环境，企业应该不断加强内部文化建设。一方面，企业可以定期举办文艺演出、年会等活动，鼓励员工参与，增强企业凝聚力；另一方面，企业要加大对企业文化的宣传力度，弘扬企业的核心价值观。

其次，在人力资源管理创新的同时，企业应重视战略创新。人力资源管理具有战略性意义，企业应该及早设立战略管理目标，以业绩管理为主要手段。员工业绩是工作绩效的重要表现形式，也是发放薪资、奖励的依据。企业应合理设置各部门的工作任务，部门负责人再对工作任务进行细分，落实每位员工的权责。如果员工顺利完成工作任务，且业绩水平较高，企业应为这些员工提供物质奖励；如果员工没有完成工作任务，业绩水平较低，企业应该对这些员工进行处罚。

为了加强员工管理，企业应该制定战略计划，确定绩效考核标准，并发挥模范员工的示范作用，鼓励其他员工学习。为了壮大人才队伍，企业可聘请行业顶尖人才，为这些人才提供高薪酬和高福利待遇，支持有发展潜力的人才继续深造学习，从而吸引人才，为企业发展提供智力支持。

在全球化背景下，国与国之间的经济联系更加紧密，对企业发展也提出了更高要求。而企业发展的关键是人力资源。为了实现自身可持续发展，企业应把握新经济时代特征，大力推动人力资源管理创新。

第六章　企业管理的创新

第一节　企业管理创新理论分析

管理创新根据管理思想、企业战略、组织架构、企业文化、风险管控手段和企业制度等不同视角和创新为切入点，构成了完整的管理创新体系。其中，管理观念创新属于管理思想的创新，战略管理创新、组织机构创新、制度创新、产品及服务创新属于资源配置创新，关系创新属于企业氛围创新的一个具体应用。

一、管理观念创新

管理观念是整个企业管理过程的灵魂，是对企业实施各种管理措施的基本指导思想。管理观念的确定是一个复杂的过程，它涉及对企业经营外部环境的把握、对企业所拥有的资源和能力的细致分析和对企业战略目标的确定，人们经过对各个方面的协调和整合最终确定出企业的基本管理指导思想。企业的管理观念具有相对稳定性，一旦确定就不易改变。企业的管理观念和具体经营过程相互影响、相互促进。管理观念创新是提出一种新的不同于以往的经营思路，这种经营思路既对企业所有经营活动来说是新颖的，也对某一企业经营活动来说是新颖的。只要这种经营思路被证明是切实可行的，那么这就是一种管理创新。管理观念的创新是整个企业管理创新的出发点，是思想创新。在现代企业经营管理过程中的经营管理理念正在发生巨大的变化，正由注重物的管理向注重人的管理方向转变，由注重有形资产的管理向注重无形资产的管理方向转变，由企业间的绝对竞争关系向企业间竞争与合作并存并逐步寻求共赢的管理方向转变，所有的这些都体现出企业的管理观念在发生巨大而深刻的变化，这些企业管理观念的变动无疑极大促进了企业经营管理效率的提高。所以，在企业进行管理创新的过程中，最重要的就是进行管理观念的创新。这需要企业不断地学习和探索，需要不断地对内自省并引进外来先进的管理人才和管理经验。人的一切活动均源于思想，因此企业管理思想、观念的创新居于整个管理创新的关键位置。

二、战略管理创新

战略管理对于企业的生存和发展有着举足轻重的作用，它是企业进行管理创新的灵魂，因而也是企业管理创新的一部分。企业在进行管理创新过程中，应当做好战略管理创新，企业战略管理着眼于全球竞争的大视角。企业进行战略管理的创新应当把握好自身的核心竞争力，通过不断提高核心竞争力以适应外部环境的发展变化，并力图引领变化潮流，从而实现企业的可持续发展。管理创新是战略管理创新的微观层面的操作，为了实现企业的创新管理战略就必须不断改变企业的经营管理方式，通过管理创新，企业以一种不同的方式运行，这充分说明了战略管理创新对企业管理创新的作用。

三、组织机构创新

组织机构创新即通过创立一种新的组织或者对原有的组织架构进行整合得到一个更有效率的组织架构，这种新形成的组织能够在企业目标的实现过程中正常运行并起到促进作用。在企业管理过程中，管理的对象必然指向某一组织，因此对于组织进行创新就成为进行管理创新的基础。在现代企业中，企业组织不再是一个固定不变的工作单位，而是一个能够通过不断学习适应变化和促进变化的有机体。随着知识经济时代的到来，组织正在发生着十分深刻的变革，组织间的共享性和虚拟性正在逐步增强；组织之间正在构建一种超高共享性的网络，而管理层级的扁平化也使企业员工更加平等。在新型组织体系中，知识和专业技术占据更加重要的地位，逐渐形成了以知识和技术为基础的业务单元，这是组织管理的一大创新。业务单元的组织形式具有极强的适应性和工作弹性，因而能够产生诸多创意性的业务解决方案。同时，这种不同的组织形式需要企业在管理过程中采用与以往不同的方法进行管理，否则将会阻碍组织效能的发挥。可见，正是组织机构的创新，推动着管理的不断进步。企业在组织机构创新的过程中要特别注意结合内外环境，遵循组织运行的基本规律，将组织运行的实际效果作为最可靠的检验指标。为了能够成功实现组织机构创新，企业一方面要做到组织机构内部的决策分散化，即要根据市场的变化和企业自身经营状况，制定出有针对性的应对措施；另一方面要建立平行流程网络下的组织结构，这不仅有利于企业内部高效的信息传递和交流机制的建立，也能确保企业内部各部门之间的有效沟通，还能促进企业决策的高效传达和落实。

四、制度创新

制度的创新即是设计一种新的管理方法或标准，这种管理方法或标准如果有效，就会为企业的整体管理或者部分管理带来最直接的影响。通过对企业的管理制度进行不断的创新，会不断促进企业的发展，企业的整个资源整合利用过程会更加合理，整个企业运转会更加流畅。

五、产品及服务模式管理创新

产品及服务模式的管理创新主要包括生产、品牌、技术工艺、营销模式及客户服务等方面。产品及服务创新主要是企业基于市场的变化，主动调整产品的生产方式、产品的品牌定位与品牌组合、产品的生产工艺、产品的销售方式、产品的售后服务等一系列的生产经营活动而进行的管理创新，其核心宗旨在于使持续整合、改良、优化的管理活动适应企业产品发展战略的需求，进而满足消费者需要，使企业创新价值实现最大化。在上述各个管理创新活动中，营销模式的管理创新尤为关键。这是因为，一方面对于任何企业而言，其生存的关键首先来自市场，只有拥有广阔市场的企业才能够不断发展，而一旦失去市场，企业就会岌岌可危。在整个营销过程中，市场信息由一线销售人员向企业进行传递，信息传递的速度严重影响着营销质量和数量。所以，必须建立起网络化的信息传递模式，提高营销过程的信息传递和反馈速度。另一方面，构建网络化的销售平台能改变过于传统的一对一的销售方式，从而减少企业的成本和负担，进而为企业带来额外的利润，提高企业竞争力。对于销售模式的管理创新，利用网络平台将是很重要的一个方面，但是销售的管理创新也不限于此。销售的管理创新应当注重采用一切可迅速传递信息的手段和方式，并建立拉近客户与企业的沟通方式，以便客户的诉求能够在最短的时间内进入企业的供给规划之中。

六、关系创新

关系创新是在企业关系管理过程中的一种新方法或者对原有的方法进行合理的改进，使企业运行效率提高，员工关系更加和睦。这也是一种管理创新，它的效果在于通过员工关系的改变促进企业氛围的改善，从而增强整个企业的凝聚力。

第二节　我国市场化改革中企业管理创新

我国的市场化改革是原有的计划经济向市场经济转变的过程，是各种资源配置逐步由市场机制主导的过程。在市场化条件下讨论企业管理创新的问题时，应当首先确切地理解市场化的内涵。

一、我国市场化改革背景

在我国社会主义基本制度下，市场化改革是一个全面、综合的概念，其包括经济活动中生产、交换、分配、消费的各个方面。所谓的市场化改革，其实质是：使市场这一资源配置方式在我国政府的宏观调控下，在我国经济文明的发展过程中，对各种经济资源的合理分配和利用起到基本性和主导性的作用。我国企业市场化改革可以分为三个大的阶段。

第一个阶段是1978年到1992年，这一阶段属于转换机制经营的阶段，此时的企业通过实施经济责任制、经营承包责任制、厂长负责制等从"政府决策"慢慢向自主经营决策转变，但这个阶段的市场化改革并不彻底。这主要体现在：第一，政府对企业的原料采购、产品销售、资金支配、企业投资等方面仍拥有极大的决策权；第二，厂长责任制和经营承包制在实施中也存在各种短期化行为和指标随意确定等现象；第三，现代的人才流动机制和激励机制并没有建立起来，干多干少、干好干坏都是在同一个企业端"铁饭碗"，人才的积极性和自我激励性并没有得到充分发挥。

第二个阶段是 1992 年到 2012 年党的十八大召开。此时市场化改革的构想开始更加清晰，市场化改革在企业实践中较上一个阶段更为激烈、更加彻底地推进。在这一阶段，整个市场化改革体系是由五大部分组成，一是对企业进行市场化的改革，建立现代企业制度，企业构建现代化的管理体制；二是构建全面的市场体系，在构建市场体系的过程中以开放、统一、竞争和有序作为基本要求；三是构建政府对于经济的宏观调控体系，将其作为资源配置的补充手段；四是对收入分配制度进行改革，继续坚持按劳分配为主体，多种分配方式并存的分配制度，同时强调效率优先兼顾公平的原则；五是构建多层次的社会保障体系，为人力资源市场化流动提供制度保障。

第三阶段是 2012 年党的十八大至今。以习近平同志为核心的党中央明确提出了要进一步深化改革，让市场在资源配置中发挥决定性的作用。这并非简单地在原来改革基础上的小修小补，而是有划时代意义的市场化改革壮举。其主要表现在以下几个方面：一是以史无前例的决心打破在社会经济领域已经形成的阻碍经济发展的藩篱；二是进一步完善各类养老、医保等社会保障体系，为进一步深化改革、建设消费型社会保驾护航；三是简化政府审批事项，最大限度减少政府对市场活动直接干预，提高市场对经济资源配置的有效性；四是大力推进行业更新换代，积极调整产业结构，加大对节能环保、高技术、高附加值企业的支持力度，鼓励企业提高竞争能力；五是提出"一带一路"倡议，放眼世界，实现合作共赢，为深化改革营造良好的国际环境。

市场化改革是我国经济发展的必由之路，故而现代企业管理理念的引入及不断创新也是必然的。在建立现代企业制度的过程中，首先要建立现代企业产权制度，建立现代企业产权制度是我国的国有企业建立现代企业制度的基础和前提；其次是建立现代企业组织制度，组织制度要做到权责分明，权责分明的企业组织制度可以大大提高企业的经营效率；最后要根据国内外环境变化，积极引入现代企业管理制度，现代企业管理制度要做到科学实用。在上述三者中，产权制度和组织制度都是可以较快引入的，同时两者的创新是缓慢的。另外，由于管理涉及人的管理问题，因此管理制度需要根据本土的文化进行本土化创新。

二、市场化改革中企业管理创新分析

改革开放后，通过"摸着石头过河"渐进管理创新和直接学习西方先进市场经济经验创新探寻，我国企业逐步找到了具有中国特色的市场导向型管理。这是对以前政府导向型管理的革命性创新。

1949年到1978年，我国企业主要的经济任务、指标由政府根据国内外宏观经济形势下达。企业内部的决策机构是以党委书记为核心的党委会构成，而企业的厂长更多的是负责执行。在改革开放后，对企业原有管理模式的改革势在必行，且这个转变的阶段是渐进的，其间是两种管理模式的混合，不存在跳跃式的管理模式创新过程（见图6-1）。

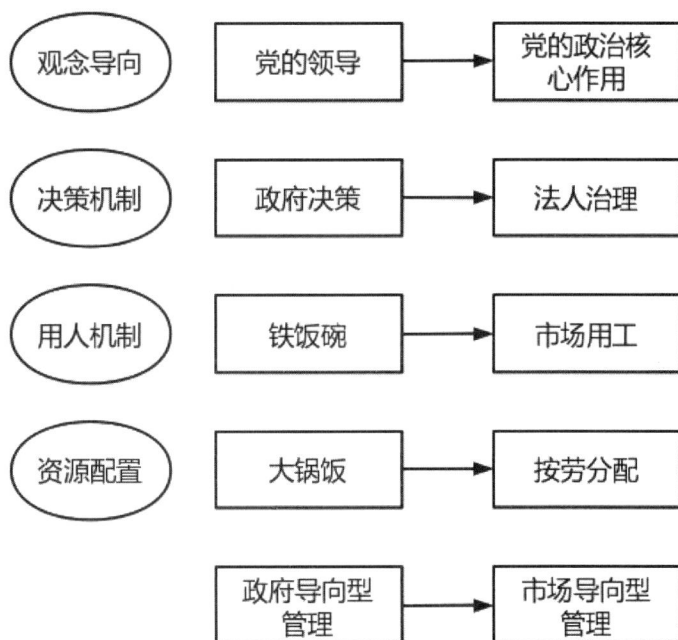

图 6-1 我国企业市场化改革中管理创新演进

管理创新在这个阶段是以创新观念为先导的，这个创新观念体现在由政府导向转变为市场导向。正是在这个创新观念下，我国企业才渐进在制度、文化、技术和组织架构上进行创新。在改革开放后我国企业市场化改革创新主要体现在以下几个方面。

第一，从制度上来讲，1992 年以来，随着现代企业制度的构建，以政府主导的企业经营管理局面得到了扭转。法人治理结构能更加有效应对市场的需求变化，企业部门的弹性化设置、工会作用的日益规范、各种激励手段的应用，都是企业经营效率和竞争能力提高的表现。

第二，从文化上来讲，在引入以国外企业管理理论为代表的现代企业管理制度的同时，也引入了外国企业"竞争中求发展"的企业文化，我国企业中的文化氛围由家庭伦理氛围向工作伙伴氛围转变。这对我国企业日常的组织管理带来了巨大的结构性冲击：以前的上下级交流是党领导下的双向交流，现在则更加强调事前沟通，工作时以效率为主；以前的激励手段主要是精神激励，更加依赖于员工的自觉，现在则是多种激励措施共同使用，尤其增加了许多物质激励手段。

第三，从管理技术转变上来讲，主要是西方完整的管理技术实践体系和中国特有的现实环境相结合。从过程上来讲，这些管理技术包括国有企业推行的股份制、公司制改革等都是对西方市场经济体制的探索性、引入性和富有弹性的模仿和改进。

第四，从组织结构上来讲，董事会、监事会的设置，国有资本的所有权与经营权的剥离，供销职能部门的强化，以及各种符合新时期需要的职能部门的建立，都提高了我国企业在复杂多变的改革环境中的灵活性和应对能力，这对企业管理创新提供了有力的保障支撑。

三、市场化改革中企业管理创新存在的问题

我国市场化改革已有四十多年，企业随市场化改革的不断深入而不断发展，但是企业在发展中却存在着许多较为普遍的问题。主要表现为以下几个方面。

1.代理经营导致的管理低效和决策短视

在国有或国有控股企业中的高级管理人员一般都是通过行政任命产生，企业所有权通常不属于管理层；而纯粹的民营企业具体管理层也常常是代理经营。管理者自身的利益常常与其所管理的企业的长期利益不具有相关性，这导致了很多企业存在管理低效性和决策的短视行为。虽然我国企业借鉴西方国家股权激励等措施，通过促进管理者和所有者的利益一体化来解决这个问题，但股权纠纷、辞职套现等新的问题又常常相伴而生，这让企业陷入进退维谷的境地。

2.管理人才的管理素养不高

在企业的发展过程中，很多企业特别是经营波动较大的企业对管理人员的管理素养重视不够。一方面，企业领导者认为花费较大的培训虽然会使管理人员的管理素养得到提高，但当管理人员素质提高后会寻找更广阔的发展空间，从而选择跳槽。对于管理人员的跳槽，企业领导者认为这浪费了自己对其培养的投入，若管理人员加入竞争企业的公司还会给自己增加一个强有力的竞争对手。上述顾虑使企业领导者不愿花费成本培养管理人员。另一方面，管理人员通过自己的努力不断提高自己的管理能力，其会向企业提出提高报酬的要求，若无法得到满足，他也将会选择跳槽，加入一家能满足其要求的企业获得应有的报酬。即使管理人员留在企业，由于得不到应有的报酬，其工作缺乏积极性，从而导致其不会将自己的能力积极投入到管理中。这种问题对于任何现代企业来说都是非常常见的，这些都导致企业中管理人才缺乏，管理人员整体素养不高，进而造成企业的管理效率和管理水平低下。

3.组织机构设置繁杂、固化

很多企业管理机制设置得过于繁杂。从纵向上来看，管理层级过多；从横向上来看，各个职能机构之间交叉现象严重，导致不能有效发挥各个职能机构的工作效率，并导致各个机构之间出现推诿扯皮，从而降低了企业的执行力。另外，过多的层级和职能细分，导致人浮于事，效率低下。在这种组织机构中，很多具有真才实学的人不能够获得相应的职能和职位，无法发挥其应有价值，很多一线的员工也不能发挥其创造力，这两个问题都导致企业的运营缺乏创造力，无法发挥员工的积极性和创造性。

4.创新能力和技术转化能力不足

许多企业只重视对技术的引进，而不重视技术的研发，缺少孕育创新的土壤。创新的源泉来自对一线问题的不断了解和思考。而在一线问题上，一线员工和技术人员最有发言权，但是固化的管理结构堵塞了创新的源泉。另外，虽然很多企业与高校进行产研联合以促进技术研发，但是很多新生技术在实际使用过程中有较大的不确定性，这导致管理层放弃将技术转化为生产力，从而导致技术转化能力不足。

5.战略管理规划不足

许多企业都是基于营利性进行经营，故而其视野狭窄，管理层缺乏对企业长期发展的规划，这在很大程度上导致了企业生命周期短暂。企业如果想要获得长久的发展，就要深入进行市场的调查，充分了解消费者的需求。与此同时，不断提高自己的经营效率和经营水平，从而提高行业竞争力。在改革开放和国外企业不断入驻中国的背景下，很多企业也开始进行战略规划，但是其视角并非跟随市场而动，而是根据自身特点和自身对利润、市场份额需求进行规划。同行业中竞争者以占领最多的市场份额作为自己的经营目标，而由于创新水平极差导致产品同质化，各企业只能通过低成本经营，而这又进一步使利润摊薄，企业竞争力下降。

6.缺乏创新的管理理念

在改革开放之前，我国市场尚未释放出强烈的需求信号，统一计划的资源、产品分配方式使在整个供需市场中是以供给为主导的。在这种情况下，企业尽可能多地提供标准化的产品，然后提供给消费者就可以获得利润。但是，改革开放后，整个市场的环境已经发生了显著的变化，供需关系的主动权已经落到需求者的手中。然而，长期形成的只重视生产环节的企业管理思维却不能随市场供求变化而转变，企业管理者依然采取原来的管理方式进行管理，这些导致管理创新很难实现。

7.缺乏真正的企业家精神

企业文化是企业一种独特的竞争力，同时也是一种独特的管理方式。在我国，大多数企业缺少一套完整的企业文化体系，即使有一定的企业文化，但是这种企业文化往往不具有自身特点和代表性，更不能有效提高企业的凝聚力和持续发展能力。造成这种情况的原因是多方面的，其中一个重要原因是企业领导者缺乏真正的企业家精神，缺乏在创新、拼搏、诚信、果敢、执着的价值观念。正是由于企业家精神的缺失，导致企业核心文化的缺失，进而很难形成完整的文化体系。这样就导致企业因循守旧，没有创新精神，管理创新之路更是举步维艰，企业家精神的缺失以及由此导致的企业文化的缺失严重阻碍了企业管理的创新，阻碍了企业的进一步发展。

第三节　新形势下企业经济管理创新的策略

在企业的经营管理中，经济管理是一项尤为重要的管理活动，企业的发展离不开内部经济的有效管理。在当前的新形势下，我国企业在经济管理方面积累了丰富的经验并取得了一些进展，但是在实际的经济管理过程中，依然存在着不足，企业必须采取有效措施提高经济管理的水平和质量。新形势给企业带来了机遇和挑战，企业只有深刻理解经济管理创新的意义，认真分析当前企业经济管理中存在的问题，不断探讨经济管理创新策略，深化经济管理创新体制，才能获得长久的发展，才能在市场经济中立于不败之地。

一、企业进行经济管理创新的意义

企业进行任何经营活动的最终目的都是追求最大化的利润，用最低廉的成本谋求最大化的经济利润是企业的一项长远工作。在市场竞争日益激烈的新形势下，如果能够实现企业经济管理的创新，企业就能够促进最大化经济利益目标的实现。企业进行经济管理的创新，一方面能够保证资金的合理使用，提高资源的使用效率；另一方面能够降低企业的生产经营成本，实现企业利益的最大化。因此，企业经济管理的创新是在新形势下发展的必然要求，企业必须要认识经济正朝着知识化、市场化、信息化和全球化的方向发展，只有建立健全经济管理创新体制，企业才能更好地掌握市场信息，才能更好地应对各种新挑战。

二、新形势下企业经济管理存在的问题

企业经济管理是企业在激烈的市场竞争中得以可持续发展的关键。随着我国经济体制改革的不断深入，我国企业虽然在经济管理方面取得了一些进展，但是仍存在诸多问题。主要存在以下几方面问题。

（一）企业经济管理观念滞后

企业的经济管理观念直接影响企业经济管理工作的开展，需要企业全体员工的重视。传统的企业经济管理观念更多的是将目光放在企业如何获得最大收益上，新形势下企业经济管理的观念则需要以人为本，在实现可持续性发展战略目标的前提下推动企业经济效益的提高，从长远上增强企业的核心竞争力。

（二）企业经济管理组织不完善，经济管理人员专业能力不高

企业经济管理离不开专业的管理组织和管理人员，然而就目前情况来看，我国企业经济管理还存在组织机构不够专业和完善、经济管理人员专业能力不高等问题，这些问题严重制约了企业的经济管理与发展。

（三）企业经济管理制度不完善

虽然企业制定了相关的经济管理制度，但是在实际经营过程中却没有得到很好的应用，多是流于形式，没有发挥其应有的作用。面临当前的新形势，企业的发展速度远远超过制度的更新程度，这样也导致了新形势下企业经济管理制度与企业实际经济水平不一致，对企业经济发展中存在的一些问题也无法进行有效的处理。

三、新形势下创新企业经济管理的策略

（一）创新企业的经济管理理念

企业经济管理的创新首要的就是创新企业的经济管理理念。掌握了先进的管理理念，才能更好地引导企业及其成员进行创新活动。企业高层应当在企业内部营造一种积极向上的创新氛围，采取有效措施促使企业员工具有创新意识，并掌握创新能力。新形势下的竞争环境是非常激烈的，因此现代企业应当有一种危机管理意识，并制定战略机制。在制定战略机制的时候，管理者只有以纵观大局和统筹全局的角度来制定战略，才能避免顾此失彼的情况发生。同时，通过创新的管理理念的指导，企业运行机制活动得到了创新，企业就能很快适应当前的经济形势和格局，在激烈的市场竞争中占有一席之位。

（二）创新企业的经济管理制度

制度是企业经济管理的基础。企业经济管理创新的进程在很大程度上受企业经济管理制度的驱动，企业要想进行经济管理的创新，必须从根本上创新经济管理制度。所以，现代企业应该根据当前的经济形势并结合企业自身的发展方向，制定一种较为完善、切实可行的经营管理制度，为企业进行创新性活动打下坚实的基础；全面推动企业进行创新，确保企业稳定、快速地增长。

首先，企业应该建立"以人为本"的人性化管理机制，为员工的个人发展提供良好的条件，例如改善员工的薪资制度，建立相应的奖罚制度、绩效考核制度等。其次，对人力资源规划要给予高度的重视，并不断进行完善。最后，企业还需建立一种监督和决策机制。监督与决策机制的主要目的就是发挥员工的主体作用，让企业内部的所有员工都参与进来，增强企业内部员工的归属感和忠诚度，让员工能够心甘情愿地为企业做事，使员工能体会到工作不单单是为企业赢得利润，更重要的是能为自己赢得利润。还要充分调动员工的工作积极性和主动性，使整个企业充满活力。

（三）创新企业经济管理组织模式

经济管理组织在企业发展中有着重要的作用，有效的经济管理组织能够不断提高企业的经济和社会效益，落后的经济管理组织则会严重阻碍企业预期经济效益的实现。为了取得良好的经济效益和社会效益，必须创新企业的经济管理组织，为此可以从以下几方面着手：第一，促进柔软化管理组织的建立，实现企业管理组织的多样化。第二，促进企业经济管理扁平化管理组织的建立。简化管理组织的层次，形成紧缩的组织结构，提高企业经济管理组织的效率，促进管理信息的传递和反馈。第三，促进信息化管理机制的建立。随着信息化技术的发展，企业要借助先进的信息技术对管理组织的结构进行合理规划，实现对管理信息和管理数据的整合，从而建立信息化管理机制。

企业经济管理对企业发展尤为重要。创新是一个企业得以发展的基本动力，在当前形势下，进行企业经济管理方面的创新是企业获得更高竞争力的基本途径。企业要想保持良好的发展势头，实现长足发展，必须进行深入有效的经济管理创新，才能够从根本上提高企业管理水平，提升企业经济管理的效率，促进企业的可持续发展。

第七章　会计核算程序

第一节　原始凭证

一、原始凭证的概念

原始凭证又称原始单据，是在经济业务发生或完成时取得或填制的，用以记录或证明经济业务的发生或完成情况的原始凭据。它不仅能用来记录经济业务发生或完成情况，还可以明确经济责任，是进行会计核算工作的原始资料和重要依据。各单位在办理现金收付、款项结算、财产收发、成本计算、产品生产、产品销售等各项经济业务时，都必须取得或填制原始凭证来证明经济业务已经发生或完成情况，并可以作为会计核算的依据。例如，由材料仓库管理人员在验收材料时填制的收料单，由车间或其他用料部门领用材料时填制的领料单，由供货单位开具的发票和结算凭证等，可以用来证明经济业务已经实际发生的单据就属于原始凭证，并可以作为会计核算的原始资料。而购销合同、购料申请单等不能证明经济业务发生或完成情况的各种单证，不能作为原始凭证并据以记账。

二、原始凭证的种类

第一，原始凭证按照其来源的不同，可以分为外来原始凭证和自制原始凭证。外来原始凭证是指在同外部单位发生经济往来事项时，从外部单位取得的凭证。如乘飞机和火车的票据，银行收付款通知单，企业购买商品、材料时，从供货单位取得的发货票等。自制原始凭证是指在经济业务事项发生或完成时，由本单位内部经办部门或人员填制的凭证。如收料单、领料单、开工单、成本计算单、出库单等。

第二，原始凭证按照填制手续及内容不同，可以分为一次凭证、累计凭证和汇总凭证。一次凭证是指一次填制完成、只记录一项或若干同类性质经济业务的原始凭证。所有的外来原始凭证和大部分的自制原始凭证都属于一次凭证。如购货发票、领料单、借款单、银行结算凭证等。累计凭证是指在一定时期内（一般以一月为限）连续记录发生的同类经济业务的原始凭证，其填制手续是随着经济业务事项的发生而分次进行的。它一般为自制原始凭证，最具有代表性的累计凭证是"限额领料单"。汇总原始凭证是指根据一定时期内反映同类性质经济业务的多张原始凭证，汇总编制而成的原始凭证，以集中反映某项经济业务总括发生情况。汇总原始凭证既可以简化会计核算工作，又便于进行经济业务的分析比较。如"工资汇总表""现金收入汇总表""发料凭证汇总表"等都是汇总原始凭证。

第三，原始凭证按照格式的不同，可以分为通用凭证和专用凭证。通用凭证是指由有关部门统一印制，在一定范围内使用的具有统一格式和使用方法的原始凭证。通用凭证的使用范围，可以是某一地区通用，某一行业通用，也可以是全国通用。专用凭证是指由单位自行印制，仅在本单位内部使用的原始凭证。如收料单、领料单、工资费用分配单、折旧计算表等。

三、原始凭证的基本内容

原始凭证的基本内容包括：①原始凭证的名称。不同原始凭证有不同的名称，例如收据、发票、收料单、入库单、工资汇总表等。通过原始凭证的名称，可以说明该凭证所代表的经济业务的类型。②填制原始凭证的日期。一般情况下，原始凭证日期表明的是经济业务发生的日期，但有些经济业务在发生时也可能来不及填制原始凭证，为了及时反映经济业务的情况和结果，应当尽快完成原始凭证的填制。③接受原始凭证单位的名称。④经济业务内容（含数量、单价、金额等）。⑤填制单位签章。⑥有关人员签章。⑦凭证附件。

四、原始凭证的填制要求

原始凭证的填制必须符合下列要求：①记录要真实。原始凭证所填列的经济业务内容和数字，必须真实可靠，符合国家有关政策、法令、法规、制度的要求，符合有关经济业务的实际情况，不得弄虚作假，更不得伪造凭证。②内容要完整。原始凭证所要求填列的项目必须逐项填齐全，不得遗漏和省略，必须符合手续完备的要求，经办业务的有关部门和人员要认真审核，并签名盖章。③手续要完备。单位自制的原始凭证必须有经办单位领导人或者其他指定的人员签名盖章；对外开出的原始凭证必须加盖本单位公章；从外部取得的原始凭证，必须盖有填制单位的公章；从个人取得的原始凭证，必须有填制人员的签名盖章。④书写要清楚、规范。原始凭证要按规定填写，文字要简明，字迹要清楚，易于辨认，不得使用未经国务院公布的简化汉字。⑤编号要连续。如果原始凭证已预先印定编号，在写坏作废时，应加盖"作废"戳记，妥善保管，不得撕毁。⑥不得涂改、刮擦、挖补。原始凭证有错误的，应当由出具单位重开或更正，更正处应当加盖出具单位印章。原始凭证金额有错误的，应当由出具单位重开，不得在原始凭证上更正。⑦填制要及时。各种原始凭证一定要及时填写，并按规定的程序及时送交会计机构和会计人员进行审核。⑧一般情况下，诸如增值税专用发票之类的原始凭证是由税务机关统一印制和监制，一般发票是由财政部门统一印制和监制。

五、原始凭证的审核内容

原始凭证需要审核的内容有：①原始凭证的合法性和真实性。审核所发生的经济业务是否符合国家有关规定的要求，有无违反财经制度；原始凭证中所列的经济业务事项是否真实，有无弄虚作假情况。②原始凭证的合理性。审核原始凭证所记录经济业务是否符合企业生产经营活动的需要，是否符合计划和预算等。③原始凭证的完整性。审核原始凭证是否具备基本内容，有无应填未填或填写不清楚的现象。④原始凭证的正确性。审核原始凭证在计算方面是否存在失误。如经审核凭证后确定有业务内容摘要与数量、金额不相对应，业务所涉及的数量与单价的乘积与金额不符，金额合计错误等情况，则不能作为正确的原始凭证。⑤原始凭证的及时性。原始凭证的及时性是保证会计信息及时性的基础。为此，要求在经济业务发生或完成时及时填制有关原始凭证，及时进行凭证的传递。审核时应注意审查凭证的填制日期，尤其是支票、银行汇票、银行本票等时效性较强的原始凭证，更应仔细验证其签发的日期。

第二节　记账凭证

一、记账凭证的概念

记账凭证又称记账凭单，是会计人员根据审核无误的原始凭证，按照经济业务事项的内容加以归类，并据以确定会计分录后所填制的会计凭证。它是登记账簿的直接依据。在实际工作中，为了便于登记账簿，需要将来自不同单位、种类繁多、数量庞大、格式大小不一的原始凭证加以归类、整理，填制具有统一格式的记账凭证，确定会计分录并将相关的原始凭证附在记账凭证后面。

二、记账凭证与原始凭证的区别

记账凭证和原始凭证同属于会计凭证，但二者之间存在着以下差别：①原始凭证一般由经办人员填制，但也有少部分由会计人员填制，如各种收款收据、费用计提表、支票进账单等，而记账凭证一律由会计人员填制。②原始凭证是根据发生或完成的经济业务填制的，而记账凭证则是根据审核后的原始凭证填制的。③原始凭证仅用以记录、证明经济业务已经发生或完成，而记账凭证则要依据会计科目对已经发生或完成的经济业务进行归类、整理和编制。④原始凭证是记账凭证的附件和填制记账凭证的直接依据，而记账凭证是登记账簿的直接依据。

三、记账凭证的种类

（一）专用记账凭证和通用记账凭证

按适用的经济业务，记账凭证分为专用记账凭证和通用记账凭证。

1.专用记账凭证

专用记账凭证是用来专门记录某一类经济业务的记账凭证。专用记账凭证按其所记录的经济业务与现金和银行存款的收付有无关系，又分为收款凭证、付款凭证和转账凭证三种。

收款凭证是用于记录库存现金和银行存款收款业务的会计凭证。它是根据有关现金和银行存款收入业务的原始凭证填制的，是登记现金日记账、银行存款日记账以及有关明细分类账和总分类账等账簿的依据。

付款凭证是用于记录库存现金和银行存款付款业务的会计凭证。它是根据有关现金和银行存款付出业务的原始凭证编制，专门用来填列付款业务会计分录的记账凭证。付款凭证也是登记现金日记账、银行存款日记账以及有关明细分类账和总分类账等账簿的依据。

转账凭证是用于记录不涉及库存现金和银行存款业务的会计凭证。它是根据转账业务（即不涉及现金和银行存款收付的各项业务）的原始凭证或汇总原始凭证填制的，用于填列转账业务会计分录的记账凭证。转账凭证是登记有关明细分类账与总分类账的依据。

2.通用记账凭证

通用记账凭证是指以一种格式记录全部经济业务的记账凭证。其格式除凭证名称为"记账凭证"外，其他各项目内容与上述的"转账凭证"相同。

（二）复式记账凭证和单式记账凭证

按包括的会计科目是否单一，记账凭证分为复式记账凭证和单式记账凭。

1.复式记账凭证

复式记账凭证亦称多项记账凭证，是指每一笔经济业务事项所涉及的全部会计科目及其发生额均在同一张记账凭证中反映的一种凭证。它是实际工作中应用最普遍的记账凭证。其优点是可以集中反映一项经济业务的科目对应关系、便于了解有关经济业务的全貌、减少凭证数量、节约纸张等。其缺点是不便于汇总计算每一个会计科目的发生额。

2.单式记账凭证

单式记账凭证亦称单项记账凭证，是指每一张记账凭证只填列经济业务事项所涉及的一个会计科目及其金额的记账凭证。填列借方科目的称为借项凭证，填列贷方科目的称为贷项凭证。某项经济业务涉及几个会计科目，就编制几张单式记账凭证。其优点是内容单一、便于分工记账和按会计科目汇总；其缺点是一张凭证不能反映每一笔经济业务的全貌，不便于检验会计分录的正确性。

四、记账凭证的基本内容

虽然记账凭证的格式有所不同，但为了满足记账的基本要求，都应该具备以下基本内容：①记账凭证的名称及填制单位名称。②填制记账凭证的日期。记账凭证是在哪一天填制的，就写哪一天。记账凭证的填制日期与原始凭证的填制日期可能相同，也可能不同。记账凭证应及时填制，但一般稍晚于原始凭证的填制。③记账凭证的编号。记账凭证要根据经济业务发生的先后顺序按月连续编号，按编号顺序记账。凭证编号后，便于装订保管和登记账簿，也便于日后检查。④经济业务事项的内容摘要。摘要应能简明扼要地说明经济业务的内容。⑤经济业务事项所涉及的会计科目及其记账方向。⑥经济业务事项的金额。⑦记账标记。⑧所附原始凭证张数。⑨会计主管、记账、审核、出纳、制单等有关人员签章。

五、记账凭证的编制要求

（一）记账凭证编制的基本要求

①记账凭证各项内容必须完整。②记账凭证应连续编号。当一笔经济业务需要填制两张以上记账凭证时，可以采用分数编号法编号。③记账凭证的书写应清楚、规范。相关要求与原始凭证的要求相同。④记账凭证可以根据每一张原始凭证填制，或根据若干张同类原始凭证汇总编制，也可以根据原始凭证汇总表填制。但是，不得将不同内容和类别的原始凭证汇总填制在同一张记账凭证上。⑤除结账和更正错误的记账凭证可以不

附原始凭证外，其他记账凭证必须附有原始凭证。⑥填制记账凭证时，若发生错误应当重新填制。已登记入账的记账凭证在当年内发现填写错误时，可以用红字填写一张与原内容相同的记账凭证，在摘要栏注明"注销某月某日某号凭证"字样，同时再用蓝字重新填制一张正确的记账凭证，注明"订正某月某日某号凭证"字样。如果会计科目没有错误，只是金额错误，也可将正确数字与错误数字之间的差额，另编一张调整的记账凭证，调增金额用蓝字，调减金额用红字。发现以前年度记账凭证有错误时，应当用蓝字填制一张更正的记账凭证。⑦记账凭证填制完经济业务事项后，如有空行，应当自金额栏最后一笔金额字下的空行处至合计数上的空行处划线注销。

（二）收款凭证的编制要求

收款凭证左上角的"借方科目"，按收款的性质填写"库存现金"或"银行存款"；日期填写编制本凭证的日期；右上角填写编制收款凭证的顺序号；"摘要"填写对所记录的经济业务的简要说明；"贷方科目"填写与收入现金或银行存款相对应的会计科目；"记账"是指该凭证已登记账簿的标记，防止经济业务事项重记或漏记；"金额"是指该项经济业务事项的发生额；该凭证右边"附件××张"是指本记账凭证所附原始凭证的张数；最下边分别由有关人员签章，以明确经济责任。

（三）付款凭证的编制要求

付款凭证的编制方法与收款凭证基本相同，只是左上角由"借方科目"换为"贷方科目"，凭证中间的"贷方科目"换为"借方科目"。对于涉及"库存现金"和"银行存款"之间的经济业务，为避免重复，一般只编制付款凭证，不编制收款凭证。

（四）转账凭证的编制要求

转账凭证将经济业务事项中所涉及全部会计科目，按照先借后贷的顺序记入"会计科目"栏中的"一级科目"和"二级或明细科目"，并按应借、应贷方向分别记入"借方金额"或"贷方金额"栏。其他项目的填列与收、付款凭证相同。当一项经济业务，既涉及现金和银行存款收付的业务又涉及转账业务时，需要分别编制记账凭证。

六、记账凭证的审核内容

记账凭证需要审核的内容有：①内容是否真实。审核记账凭证是否有原始凭证为依据，所附原始凭证的内容与记账凭证的内容是否一致，记账凭证汇总表的内容与其所依据的记账凭证的内容是否一致等。②项目是否齐全。审核记账凭证各项目的填写是否齐全，如日期、凭证编号、摘要、会计科目、金额、所附原始凭证张数及有关人员签章等。③会计科目是否正确。审核记账凭证的应借、应贷的会计科目是否正确，是否有明确的账户对应关系，所使用的会计科目是否符合国家统一的会计准则的规定等。④金额是否正确。审核记账凭证所记录的金额与原始凭证的有关金额是否一致，计算是否正确，记账凭证汇总表的金额与记账凭证的金额合计是否相符等。⑤书写是否规范。审核记账凭证中的记录是否文字工整、数字清晰，是否按照规定进行更正等。⑥手续是否完备。审核出纳人员在办理收款或付款业务后，是否已在凭证上加盖"收讫"或"付讫"的戳记。

第三节 会计账簿

一、会计账簿的概念

会计账簿是指由一定格式账页组成的，以经过审核的会计凭证为依据，全面、系统、连续地记录各项经济业务的簿籍。

通过会计凭证的填制与审核，可以将每天发生的经济业务进行如实、正确的记录，明确经济责任。但会计凭证数量众多，信息分散，难以全面、完整地了解企业的财务状况，不便于会计信息的整理与报告。因此，各单位应当按照国家统一的会计制度的规定和会计业务的需要设置会计账簿，以便系统地归纳会计信息，全面、系统、连续地核算和监督单位的经济活动及财务收支情况。

二、会计账簿的分类

（一）按用途不同分类

按用途的不同，会计账簿可分为序时账簿、分类账簿和备查账簿。

1.序时账簿

序时账簿又称日记账，是按照经济业务发生或完成时间的先后顺序逐日逐笔进行登记的账簿。序时账簿按其记录内容的不同，又分为普通日记账和特种日记账两种。普通日记账是将企业每天发生的所有经济业务，不论其性质如何，按其先后顺序，编成会计分录记入账簿。特种日记账是按经济业务性质单独设置的账簿，它只把特定项目按经济业务顺序记入账簿，反映其详细情况，如库存现金日记账和银行存款日记账。在实际工作中，因经济业务的复杂性，一般很少采用普通日记账，应用较为广泛的是特种日记账。在我国，大多数单位一般只设现金日记账和银行存款日记账，而不设置转账日记账。

2.分类账簿

分类账簿是对全部经济业务事项，按照会计要素的具体类别而设置的分类账户进行登记的账簿。分类账簿按照其提供核算指标的详细程度不同，又分为总分类账和明细分类账。总分类账，简称总账，是根据总分类科目开设账户，用来登记全部经济业务，进行总分类核算，提供总括核算资料的分类账簿。明细分类账，简称明细账，是根据明细分类科目开设账户，用来登记某一类经济业务，进行明细分类核算，提供明细核算资料的分类账簿。

3.备查账簿

备查账簿又称辅助账簿或补充登记簿，是对某些在序时账簿和分类账簿等主要账簿中未能登记或登记不够详细的经济业务事项进行补充登记时使用的账簿。它可以对某些经济业务的内容提供必要的参考资料。如设置租入、租出固定资产登记簿、代销商品登记簿等。备查账簿的设置应视实际需要而定，并非一定要设置，而且没有固定格式。

（二）按账页格式的不同分类

1.两栏式账簿

两栏式账簿是指只有借方和贷方两个基本金额的账簿。

2.三栏式账簿

三栏式账簿是指设有借方、贷方和余额三个基本栏目的账簿。现金日记账、银行存款日记账、总分类账以及资本、债权、债务明细账都可以采用三栏式账簿。

3.多栏式账簿

多栏式账簿是指在账簿的两个金额栏目（借方和贷方）的下边，按需要分设若干专栏的账簿。收入、费用明细账一般均采用这种格式的账簿。

4.数量金额式账簿

数量金额式账簿是指在账簿的借方、贷方和余额三个栏目内都分设数量、单价和金额小栏，以反映财产物资的实物数量和价值量的账簿。如原材料、库存商品、产成品等明细账，一般都采用数量金额式账簿。

（三）按照外形特征分类

1.订本式账簿

订本式账簿是在启用前将编有顺序页码的一定数量账页装订成册的账簿。这种账簿一般适用于重要的和具有统驭性的总分类账、现金日记账和银行存款日记账。其优点是可以避免账页散失，防止账页被抽换，比较安全。其缺点是不便于准确为各账户预留账页，可能造成一定的浪费或给工作带来不便。

2.活页式账簿

活页式账簿是将一定数量的账页置于活页夹内，可根据记账内容的变化随时增加或减少部分账页的账簿。活页账一般适用于明细分类账。其优点是可以根据实际需要增添账页，不会浪费账页，使用灵活，并且便于同时分工记账。其缺点是账页容易散失和被抽换。

3.卡片式账簿

卡片式账簿是将一定数量的卡片式账页存放于专设的卡片箱中，账页可以根据需要随时增添账页的账簿。在我国，企业单位一般只对固定资产的核算采用卡片式账簿形式。

三、会计账簿的基本内容

各单位均应按照会计核算的基本要求和会计规范的有关规定，结合本单位经济业务的特点和经营管理的需要，设置必要的账簿，并认真做好记账工作。各种账簿的形式和格式多种多样，但均应具备以下基本内容。

（一）封面

封面主要标明账簿的名称，如总分类账簿、现金日记账、银行存款日记账等。

（二）扉页

扉页主要标明会计账簿的使用信息，如科目索引（目录）、账簿启用和经管人员一览表等。

（三）账页

账页是账簿用来记录经济业务事项的载体，包括账户的名称、登记账户的日期栏、凭证种类和号数栏、摘要栏、金额栏、总页次和分户页次等基本内容。

四、会计账簿的记账规则

会计账簿的记账规则主要有以下几项：

第一，为了保证账簿记录的准确、整洁，应当根据审核无误的会计凭证登记会计账簿。登记会计账簿时，应当将会计凭证日期、编号、业务内容摘要、金额和其他有关资料逐项记入账内，做到数字准确、摘要清楚、登记及时、字迹工整。每一项会计事项，一方面要记入有关的总账，另一方面要记入该总账所属的明细账。账簿记录中的日期，应该填写记账凭证上的日期；以自制原始凭证，如收料单、领料单等作为记账依据的，账簿记录中的日期应按有关自制原始凭证上的日期填列。

第二，账簿登记完毕后，记账人员要在记账凭证上签名或者盖章，并注明已经登账的符号（如打"√"），防止漏记、重记和错记情况的发生。

第三，各种账簿要按账页顺序连续登记，不得跳行、隔页。如发生跳行、隔页，则应在空行、空页处用红色墨水笔画线注销，或注明"此行空白"或"此页空白"字样，并由记账人员签名或盖章。

第四，为了保持账簿记录的持久性，防止涂改，登记账簿时要用蓝黑墨水或者碳素墨水笔书写，不得用圆珠笔（银行的专用复写账簿除外）或者铅笔书写。

第五，下列情况，可以用红色墨水笔记账：①按照红字冲账的记账凭证，冲销错误记录。②在不设置借、贷等栏的多栏式账页中登记减少数。③在三栏式账户的余额栏前，如未印明余额方向，则在余额栏内登记负数余额。④根据国家统一的会计制度的规定，可以用红字登记的其他会计分录。由于会计中的红字表示负数，所以除了上述情况外，不得用红色墨水笔登记账簿。

第六，记账要保持清晰、整洁，记账文字和数字要端正、清楚、书写规范，一般应占账簿格宽的二分之一，以便留有改错的空间。

第七，需结出余额的账户，应当定期结出余额。现金日记账和银行存款日记账必须每天结出余额；结出余额后，应在"借或贷"栏内写明"借"或"贷"的字样。没有余额的账户，应在"借或贷"栏内写"平"字，并在余额栏"元"位上用"0"表示。

第八，每登记满一张账页结转下页时，应当结出本页合计数和余额，写在本页最后一行和下页第一行有关栏内，并在本页最后一行的摘要栏内注明"过次页"字样，在次页第一行的摘要栏内注明"承前页"字样。对需要结计本月发生额的账户，结计"过次页"的本页合计数应当为自本月初至本月末止的发生额合计数；对需要结计本年累计发生额的账户，结计"过次页"的本页合计数应当为自年初起至本页末止的累计数；对既不需要结计本月发生额，也不需要结计本年累计发生额的账户，可以只将每页末的金额结转次页。

五、会计账簿的格式和登记方法

（一）日记账的格式和登记方法

1.普通日记账的格式和登记方法

普通日记账一般只设借方和贷方两个金额栏，以便分别记入各项经济业务所确定的账户名称及借方和贷方的金额，也称为两栏式日记账，或叫分录簿。

2.现金日记账的格式和登记方法

第一，现金日记账的格式。现金日记账是用来核算和监督库存现金每天的收入、支出和结存情况的账簿，其格式有三栏式和多栏式两种。无论采用三栏式还是多栏式现金日记账，都必须使用订本账。

第二，现金日记账的登记方法。现金日记账由出纳人员根据与现金收付有关的记账凭证，按时间顺序逐日、逐笔进行登记，并根据"上日余额+本日收入－本日支出=本日余额"的公式，逐日结出现金余额，与库存现金实存数核对，以检查每日现金收付是否有误。

第三，借、贷方分设的多栏式现金日记账的登记方法。先根据有关现金收入业务的记账凭证登记现金收入日记账，再根据有关现金支出业务的记账凭证登记现金支出日记账，每日营业终了，根据现金支出日记账结计的支出合计数，一笔转入现金收入日记账的"支出合计"栏中，并结出当日余额。

3.银行存款日记账的格式和登记方法

银行存款日记账是用来核算和监督银行存款每日的收入、支出和结余情况的账簿。银行存款日记账应按企业在银行开立的账户和币种分别设置，每个银行账户设置一本日记账。银行存款日记账的格式和登记方法与现金日记账相同。

（二）总分类账的格式和登记方法

总分类账是按照总分类账户分类登记，以提供总括会计信息的账簿。总分类账最常用的格式为三栏式，设置借方、贷方和余额三个基本金额栏目。总分类账可以根据记账凭证逐笔登记，也可以根据经过汇总的科目汇总表或汇总记账凭证等登记。

（三）明细分类账的格式和登记方法

明细分类账是根据二级账户或明细账户开设账页，分类、连续地登记经济业务，以提供明细核算资料的账簿。其格式有三栏式、多栏式、数量金额式和横线登记式（或称平行式）等多种。

1.明细分类账的格式

（1）三栏式明细分类账

三栏式明细分类账是设有借方、贷方和余额三个栏目，用以分类核算各项经济业务，提供详细核算资料的账簿。其格式与三栏式总账格式相同，适用于只进行金额核算的账户。

（2）多栏式明细分类账

多栏式明细分类账将属于同一个总账科目的各个明细科目合并在一张账页上进行登记，适用于成本费用类科目的明细核算。

（3）数量金额式明细分类账

数量金额式明细分类账是在其借方（收入）、贷方（发出）和余额（结存）三栏下边，都分别设有数量、单价和金额三个专栏，适用于既要进行金额核算又要进行数量核算的账户。

（4）横线登记式明细分类账

横线登记式明细分类账采用横线登记，即将每一相关的业务登记在一行，从而可依据每一行各个栏目的登记是否齐全来判断该项业务的进展情况。该明细分类账适用于登记材料采购业务、应收票据和一次性备用金业务。

2.明细分类账的登记方法

不同类型经济业务的明细分类账可根据管理需要，依据记账凭证、原始凭证或汇总原始凭证，逐日逐笔或定期汇总登记。固定资产、债权、债务等明细账应逐日逐笔登记；库存商品、原材料、产成品收发明细账以及收入、费用明细账可以逐笔登记，也可定期汇总登记。

六、会计账簿的更换与保管

（一）会计账簿的更换

会计账簿的更换通常在新会计年度建账时进行。一般来说，总账、日记账和多数明细账应每年更换一次。但有些财产物资明细账和债权债务明细账，由于材料品种、规格和往来单位较多，更换新账簿时重抄一遍的工作量较大，可以不必每年度更换一次。各种备查账簿也可以连续使用。

（二）会计账簿的保管

年度终了，各种账户在结转下年建立新账后，一般都要把旧账送交总账会计集中统一管理。会计账簿暂由本单位财务会计部门保管一年，期满之后，由财务部门编造清册移交本单位档案部门保管。

第四节 对账、错账与结账

一、对账

对账就是核对账目，是指在会计核算中为保证账簿记录正确可靠，对账簿中的有关数据进行检查和核对的工作。通过对账，保证账证相符、账账相符、账实相符。

（一）账证核对

账证核对是指根据各种账簿的记录与记账凭证及其所附的原始凭证进行核对。核对会计账簿记录与原始凭证、记账凭证的时间、凭证字号、内容、金额是否一致，记账方向是否相符。

（二）账账核对

账账核对是指对各种账簿之间的有关数字进行核对。核对不同会计账簿记录是否相符。包括：总账和有关账户核对；总账与明细账核对；总账与日记账核对；会计部门的财产物资明细账与财产物资保管和使用部门的有关明细账核对等。

（三）账实核对

账实核对是指各种财产物资的账面余额与实存数额相互核对。核对会计账簿记录与财产等实有数额是否相符。包括：现金日记账账面余额与现金实际库存数核对；银行存款日记账账面余额与银行对账单核对；各种财产物资明细账账面余额与财产物资实存数额核对；各种应收、应付款明细账账面余额与有关债务、债权单位或者个人核对等。

二、错账更正方法

一旦账簿记录发生错误，必须按照规定的方法予以更正，不准涂改、挖补、刮擦或者用药水消除字迹，不准重新抄写。错账更正方法通常有画线更正法、红字更正法和补充登记法。

（一）画线更正法

在结账前发现账簿记录有文字或者数字错误，而记账凭证没有错误时，可以采用画线更正法。更正时，先将错误的文字或者数字画红线注销，表示予以注销，但必须使原有字迹仍可辨认，然后将正确的文字或数字用蓝字写在被注销的文字或数字的上方，并由记账人员在更正处盖章。对于错误的数字，应当全部画红线更正，不得只更正其中的错误数字。对于文字错误，可只划去错误的部分。

（二）红字更正法

红字更正法，即先用红字填制一张与原错误完全相同的记账凭证，据以用红字登记入账，冲销原有的错误记录；同时再用蓝字填制一张正确的记账凭证，注明"订正×年×月×号凭证"，据以登记入账，这样就把原来的差错更正过来。这种方法，一般适用于在更正发现的本年记账凭证所记的科目或金额有错误时。

（三）补充登记法

补充登记法是指在记账后发现记账凭证填写的会计科目无误而所记金额小于应记金额时所采用的一种更正方法。更正时，应将少记的金额用蓝字编制一张与原记账凭证应借、应贷科目完全相同的记账凭证，在"摘要"栏中注明"补记×月×日第×号凭证少记金额"，以补登少记金额，并据以记账。

三、结账

结账是指在将本期内所发生的经济业务全部登记入账并在对账无误的基础上，按照规定的方法对该期内的账簿记录进行小结，结算出本期发生额合计数和余额。结账通常包括两个方面：一是结清各种损益类账户；二是结清各资产、负债和所有者权益账户，分别结算出本期发生额合计数和余额。

（一）结账的程序

第一，检查本期内日常发生的经济业务是否已全部登记入账，若发现漏账、错账，应及时补记、更正。

第二，根据权责发生制的要求，调整有关账项，合理确定本期应计的收入和费用。

第三，将损益类科目的余额转入"本年利润"科目，结平所有损益类科目。

第四，结算出资产、负债和所有者权益科目的本期发生额和余额，并结转下期。

（二）结账的方法

第一，对不需要按月结计本期发生额的账户，每次记账以后，都要随时结出余额，每月最后一笔余额即为月末余额。也就是说，月末余额就是本月最后一笔经济业务记录的同一行内的余额。月末结账时，只需要在最后一笔经济业务记录之下通栏划一单红线，不需要再结计一次余额。

第二，现金、银行存款日记账和需要按月结计发生额的收入、费用等明细账。每月结账时，要在最后一笔经济业务记录下面画一条通栏单红线，结出本月发生额和余额，在摘要栏内注明"本月合计"字样，在下面再画一条通栏单红线。这样，账户记录中的月初余额加减本期发生额等于月末余额，便于账户记录的稽核。

第三，需要结计本年累计发生额的某些明细账户，如产品销售收入、成本明细账等，每月结账时，应在"本月合计"行下结计自年初起至本月末止的累计发生额，登记在月份发生额下面，在摘要栏内注明"本年累计"字样，并在下面再画一条通栏单红线。12月末的"本年累计"就是全年累计发生额，全年累计发生额下面画通栏双红线。

第四，总账账户平时只需结计月末余额。年终结账时，为了反映全年各项资产、负债及所有者权益增减变动的全貌，便于核对账目，要将所有总账账户结计全年发生额和年末余额，在摘要栏内注明"本年合计"字样，并在合计数下面画通栏双红线。

第五，年度终了，要把各账户的余额结转到下一会计年度，并在摘要栏注明"结转下年"字样；在下一会计年度新建有关会计账簿的第一余额栏内填写上年结转的余额，并在摘要栏注明"上年结转"字样。

第五节 账务处理程序与财产清查

一、账务处理程序

账务处理程序也称作会计核算组织程序或会计核算形式,是指会计凭证、会计账簿、会计报表相结合的方式,即从原始凭证的整理、汇总,记账凭证的填制、汇总,日记账、明细分类账和总分类账的登记,到会计报表的编制步骤和方法。目前,我国通常采用的主要账务处理程序有:记账凭证账务处理程序、汇总记账凭证账务处理程序、科目汇总表账务处理程序。

(一)记账凭证账务处理程序

记账凭证账务处理程序是指对发生的经济业务事项,都要根据原始凭证或汇总原始凭证编制记账凭证,然后直接根据记账凭证逐笔登记总分类账的一种账务处理程序。它是基本的账务处理程序。它的特点是直接根据记账凭证逐笔登记总分类账。

1.一般程序

①根据原始凭证,编制汇总原始凭证。②根据原始凭证或汇总原始凭证,编制记账凭证。③根据收款凭证、付款凭证,逐日逐笔登记现金日记账和银行存款日记账。④根据原始凭证、汇总原始凭证和记账凭证,编制有关的明细分类账。⑤根据记账凭证,逐笔登记总分类账。⑥期末,现金日记账、银行存款日记账和明细分类账的余额同有关总分类账的余额都应核对相符。⑦期末,根据总分类账和明细分类账的记录,编制会计报表。

2.优缺点和适用范围

记账凭证账务处理程序简单明了,易于理解,总分类账可以较详细地反映经济业务的发生情况。其缺点是:登记总分类账的工作量较大。记账凭证账务处理程序适用于规模较小、经济业务量较少的单位。

（二）汇总记账凭证账务处理程序

汇总记账凭证账务处理程序是指根据原始凭证或汇总原始凭证编制记账凭证，定期根据记账凭证分类编制汇总收款凭证、汇总付款凭证和汇总转账凭证，再根据汇总记账凭证登记总分类账的一种账务处理程序。

1.一般程序

①根据原始凭证，编制汇总原始凭证。②根据原始凭证或汇总原始凭证，编制记账凭证。③根据收款凭证、付款凭证，逐笔登记现金日记账和银行存款日记账。④根据原始凭证、汇总原始凭证和记账凭证，登记各种明细分类账。⑤根据各种记账凭证，编制有关汇总记账凭证。⑥根据各种汇总记账凭证，登记总分类账。⑦期末，现金日记账、银行存款日记账和明细分类账的余额同有关总分类账的余额都应核对相符。⑧期末，根据总分类账和明细分类账的记录，编制会计报表。

2.优缺点和适用范围

汇总记账凭证账务处理程序减少了登记总分类账的工作量，便于了解账户之间的对应关系。其缺点是：按每一贷方科目编制汇总转账凭证，不利于会计核算的日常分工；当转账凭证较多时，编制汇总转账凭证的工作量较大。该财务处理程序适用于规模较大、经济业务较多的单位。

（三）科目汇总表账务处理程序

科目汇总表账务处理程序又称记账凭证汇总表账务处理程序，它是根据记账凭证定期编制科目汇总表，再根据科目汇总表登记总分类账的一种账务处理程序。

1.一般程序

①根据原始凭证，编制汇总原始凭证。②根据原始凭证或汇总原始凭证，编制记账凭证。③根据收款凭证、付款凭证，逐笔登记现金日记账和银行存款日记账。④根据原始凭证、汇总原始凭证和记账凭证，登记各种明细分类账。⑤根据各种记账凭证，编制科目汇总表。⑥根据科目汇总表，登记总分类账。⑦期末，现金日记账、银行存款日记账和明细分类账的余额同有关总分类账的余额都应核对相符。⑧期末，根据总分类账和明细分类账的记录，编制会计报表。

2.优缺点和适用范围

科目汇总表账务处理程序减少了登记总分类账的工作量，并可做到试算平衡、简明易懂、方便易学。其缺点是：科目汇总表不能反映账户对应关系，不便于查对账目。它适用于经济业务较多的单位。

二、财产清查

财产清查是对各项财产、物资进行实地盘点和核对，查明财产物资、货币资金和结算款项的实有数额，确定其账面结存数额和实际结存数额是否一致，以保证账实相符的一种会计专门方法。

（一）财产清查的种类

1.按范围分类

（1）全面清查

全面清查是对属于本单位或存放在本单位的全部财产物资进行的清查。全面清查范围大、内容多、时间长、参与人员多。

（2）局部清查

局部清查是指根据需要对部分财产进行盘点与核对。局部清查范围小、内容少、时间短、参与人员少，但专业性较强。局部清查一般包括下列清查内容：现金应每日清点一次；银行存款每月至少同银行核对一次；债权债务每年至少核对一至两次；各项存货应有计划、有重点地抽查；贵重物品每月清查一次等。

2.按时间分类

（1）定期清查

定期清查是指根据计划安排的时间对财产物资进行的清查。定期清查一般在期末进行，它可以是全面清查，也可以是局部清查。

（2）不定期清查

不定期清查是指根据实际需要对财产物资所进行的临时性清查。不定期清查一般是局部清查，例如发生意外灾害时进行的损失情况的清查、有关部门进行的临时性清查等。

（二）货币资金的清查

1.库存现金的清查

库存现金的清查是指通过盘点库存现金的实存数，然后与库存现金日记账的账面余额相核对，确定账存与实存是否相等以及盈亏的情况。

库存现金清查主要包括两种情况：一是由出纳人员每日清点库存现金实有数，并与库存现金日记账余额项核对，这是出纳人员所做的经常性现金清查工作。这种清查方法比较省时、省力，但不够严密，容易出现漏洞。二是除了由出纳人员对现金进行经常性清查以外，还应由清查小组对库存现金进行定期或不定期清查。清查时，出纳人员必须在场，现金由出纳人员经手盘点，清查人员从旁监督。现金清查结束后应填写"库存现金盘点报告表"，并据以调整库存现金日记账的账面记录。

2.银行存款的清查

银行存款的清查是指将企业的银行存款日记账与开户银行转来的对账单进行核对。银行存款日记账余额与开户银行对账单余额不一致的原因有两个：一是双方或一方记账有错误；二是存在未达账项。未达账项是指企业与银行之间，由于凭证传递上的时间差，一方已登记入账，而另外一方因尚未接到凭证未登记入账的款项。未达账项包括：①企业已收，银行未收，即企业已收款入账，银行尚未收款入账。②企业已付，银行未付，即企业已付款入账，银行尚未付款入账。③银行已收，企业未收，即银行已收款入账，企业尚未收款入账。④银行已付，企业未付，即银行已付款入账，企业尚未付款入账。

在清查银行存款时，如果出现未达账项，应通过编制"银行存款余额调节表"进行调整。调节表的编制方法一般是在企业与银行双方的账面余额基础上，各自加上对方已收而本单位未收的款项，减去对方已付而本单位未付的款项。经过调节后，双方的余额应相互一致。

需要说明的是，银行存款双方余额调节相符后，对未达账项一般暂不作账务处理；对银行已入账而企业未入账的各项经济业务，不能根据银行存款余额调节表来编制会计分录，必须在收到银行转来的有关原始凭证后方可入账。银行存款余额调节表只是为核对银行存款余额而编制的一个工作底稿，不能作为实际记账的凭证。它只是及时查明本企业和银行双方账目记载有无差错的一种清查方法。对长期存在的未达账项，应查明原因及时处理。

（三）实物财产的清查

进行实物财产的清查，首先必须以各项实物财产规定的名称规格为标准，查明各项实物财产的名称、规格，然后再盘点数量、检查质量。为明确经济责任和便于查询，各项实物财产的保管人必须在场。清查盘点结束时，应及时把盘点的数量和质量情况如实填制"盘存单"，并由盘点人和实物财产保管人签名或盖章。

企业的存货总是处于不断周转过程中，期初存货的数量与本期收入存货的数量已是确定的数额，关键是确定本期发出存货的数量和期末存货的数量。根据发出存货和期末存货的确定方法不同，形成了以下两种存货盘存制度。

1.实地盘存制

实地盘存制是指平时根据会计凭证在账簿中只登记财产物资的增加数，不登记减少数，期末通过实地盘点来确定其实有数，再倒算出本月减少数的一种管理制度，即"以存计耗""以存计销"。计算公式为：

本期发出存货＝期初存货＋本期收入存货－期末存货

实地盘存制，其核算工作比较简单，但明细账上不能随时反映财产物资的增减变化情况，不利于及时提供核算资料，不能随时结转发出存货成本。另外，由于根据实存数来倒推本期发出存货数，可能会掩盖贪污、盗窃、浪费等非正常损耗，不利于加强对存货的管理。因此，实地盘存制一般只适用于单位价值较低、自然损耗大、数量不稳定、进出频繁的财产物资，特别适用于易腐烂变质的鲜活商品等。

2.永续盘存制

永续盘存制又称账面盘存制，是指企业平时按财产物资名称、规格分别设置数量金额式明细账，根据原始凭证，逐笔连续记载其增减变化并随时结出余额的一种管理制度。计算公式为：

期末存货＝期初存货＋本期收入存货－本期发出存货

采用永续盘存制，能及时掌握企业各项财产物资的增减变动情况和结存数额，有利于加强对存货的管理，但明细核算的工作量大。应该注意的是，永续盘存制下仍需对存货进行实地盘点，以便查明是否发生盘盈或盘亏，更有利于财产物资的安全完整。因此，各单位的财产物资一般采用永续盘存制。

（四）往来款项的清查

往来款项一般采取"函证核对法"进行清查，即通过证件同对方经济往来单位核对账目的方法。清单单位按每一个经济往来单位编制"往来款项对账单"（一式两份，其中一份作为回联单）送往各经济往来单位，对方经过核对相符后，在回联单上加盖公章退回，表示已核对；如果经核对数字不相符，对方应在回联单上注明情况，或另抄对账单退回本单位，进一步查明原因，再行核对，直到相符为止。

（五）财产清查的账务处理

在企业财产清查过程中发生的财产盘盈、盘亏和毁损，应设置"待处理财产损溢"账户，并分"待处理流动资产损溢"和"待处理非流动资产损溢"进行明细核算。该账户借记盘亏、毁损数额及盘盈的转销数额，贷记盘盈数额及盘亏、毁损的转销数额，借方余额表示尚未处理的各种财产物资的净损失，贷方余额表示尚未处理的各种财产物资的净溢余。

1.现金清查的账务处理

如果发现现金短缺，应按实际短缺的金额，借记"待处理财产损溢—待处理流动资产损溢"科目，贷记"库存现金"科目；如果发现现金溢余，应按实际溢余的金额，借记"库存现金"科目，贷记"待处理财产损溢—待处理流动资产损溢"科目。待查明原因后做如下处理。

一是如果是现金短缺，属于应由责任人赔偿的部分或保险公司赔偿的部分，借记"其他应收款"科目；属于无法查明的其他原因，根据管理权限，经批准后处理，借记"管理费用"，贷记"待处理财产损溢—待处理流动资产损溢"科目。

二是如果是现金溢余，属于应支付给有关人员和单位的,应借记"待处理财产损溢"科目，贷记"其他应付款"科目；属于无法查明原因的现金溢余，经批准后，借记"待处理财产损溢—待处理流动资产损溢"科目，贷记"营业外收入"科目。

2.存货清查的账务处理

如果发现存货盘亏，应按实际盘亏的金额，借记"待处理财产损溢—待处理流动资产损溢"科目，贷记"原材料""库存商品"等科目；如果发现存货盘盈，应按实际盘盈的金额，借记"原材料""库存商品"等科目，贷记"待处理财产损溢—待处理流动资产损溢"科目。待查明原因后做如下处理。

第一，如果是存货盘亏、毁损，按残料价值入库，借记"原材料"等科目。属于可由责任人赔偿的部分或保险公司赔偿的部分，借记"其他应收款"科目，在剩余净损失中，属于非常损失部分，借记"营业外支出—非常损失"科目；属于一般经营损失部分，借记"管理费用"科目，贷记"待处理财产损溢—待处理流动资产损溢"科目。对于由于管理不善造成的存货被盗、丢失、霉烂变质，税法上规定不能抵扣的增值税额，还应贷记"应交税费—应交增值税（进项税额转出）"科目。

第二，如果是存货盘盈，经批准后冲减管理费用，即借记"待处理财产损溢—待处理流动资产损溢"科目，贷记"管理费用"科目。

3.固定资产盘盈、盘亏的账务处理

第一，对于固定资产盘盈，应作为前期差错记入"以前年度损益调整"科目。企业在盘盈固定资产时，首先应确定盘盈固定资产的入账价值。入账价值可按同类或类似固定资产的市场价格，减去按该项固定资产的新旧程度估计的价值损耗后的余额，作为入账价值。根据确定的入账价值，借记"固定资产"科目，贷记"以前年度损益调整"科目。

第二，对于固定资产的盘亏，应按其账面价值，借记"待处理财产损溢—待处理非流动资产损溢"科目，按该项资产已提的累计折旧，借记"累计折旧"科目，按该固定资产的账面原价，贷记"固定资产"科目。经批准后，将净损失转入营业外支出，借记"营业外支出"科目，贷记"待处理财产损溢—待处理非流动资产损溢"科目。

第八章　会计基本假设与会计信息质量要求

第一节　会计基本假设

一、会计假设的概念

假设是人们就公理或理所当然的主张提出的一种假定、假说。假设之所以存在，主要有两个方面原因：一是有些事物无法正面论述，但又找不到令人信服的反证；二是经验的积累和科学的发展还不能肯定事物发展的必然性，因而只有采取假设的形式。假设是科学理论发展的必然阶段。假设只要根据事实提出，经过实践证明是正确的，就会成为理论。

"会计假设"是指在特定的经济环境中，根据以往会计的实践和理论，对会计领域中尚未肯定的事项所作出的合乎情理的假说或设想。会计假设存在的原因是会计工作在含有不确定性的经济环境中运行的，当不确定性继续存在时，为建立会计学理论结构，不得不设立若干假设的前提，其实质是对会计实践活动所做的一般性概括。基本会计假设是指为了正确进行会计理论研究和会计管理实践，基于对客观环境、历史惯例和重大趋势考虑而对会计准则、会计程序和会计方法及其规范下的会计实务所做的逻辑性控制。它是会计赖以存在的经济、政治和社会环境的基本前提或基本假设，是比会计原则上更为基础和理论性的会计概念，不是人们的主观臆想，而是企业会计确认、计量和报告的前提，是对会计核算所处时间、空间环境等所做的合理设定。会计基本假设、会计信息质量要求、会计政策三者的关系见图8-1。

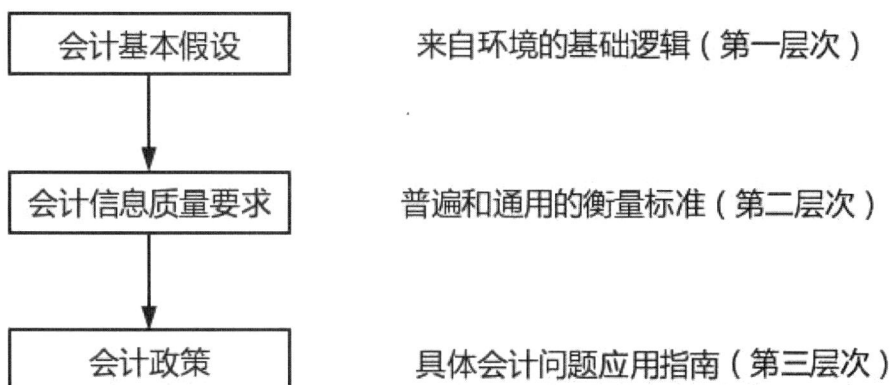

图8-1 会计基本假设、会计信息质量要求、会计政策三者的关系

二、网络时代会计基本假设体系

（一）会计主体基本假设

1.网络化经济环境对会计主体假设的冲击和挑战

在传统农业经济、工业经济环境中，"会计主体"假设主要解决会计为谁服务，以谁为记账单位的问题，即合理划分会计服务的空间范围。这时，会计核算和服务的对象均是实实在在的"实"空间，随着社会进步，现代会计也将无形资产等"虚"空间纳入核算范畴，但仍以"实"空间为主、以"虚"空间为辅。现行会计侧重"土地、资本、厂房、设备"等有形物质资产，网络化会计注重"知识、技术、信息、人力资本"等无形资产，因为"知识、技术、信息和人力资本"等无形资产是网络化经济环境中企业生存和发展的基本动力源泉。而且企业社会成本、社会绩效考核与人力资本等信息，已经突破了传统的"会计主体"假设范畴，已经延伸到企业之外。现行会计没有（即使有，也很不全面）把这些无形资产纳入视野，没有做出完整的会计程序和方法安排，从而导致企业提供的会计信息不完整、不真实，最终影响投资者和财务报告使用者的决策和分析。现行会计理论和会计实务将很大一部分经济资源（企业未来经济利益的流入）排斥

在"会计主体"之外，这是现行会计受到网络化经济环境的最大冲击和挑战，现代"会计主体"基本假设与网络化经济环境犹如"身穿西装，足穿草鞋"，极不协调。网络化会计服务的空间范围已经由现行会计的以"实"空间为主、"虚"的媒体空间为辅，逐步转变为以网络"虚"的媒体空间为主，以有形"实"的物理空间为辅。因此，需要重新定义网络化经济环境中"会计主体"的内涵，以适应这种变化。

2.现有"会计主体"基本假设观点述评

现有"会计主体"假设的提法有"单位说""使用者说""自主经营、自负盈亏的法人实体或法人治理结构说""现代公司制度下的公司说""虚拟公司整体说""经济利益相关的联合体说"。"单位说""使用者说""法人实体或法人治理结构说""现代企业制度下的公司说"等学说与网络化经济环境不相适应，属于传统会计理论界定的范畴，应进行创新和发展。将会计主体定为"虚拟公司整体说"只重视"虚"的媒体空间，完全抛弃了传统会计"实"空间。"经济利益相关的联合体说"虽兼顾了网络化经济环境"实"的物理空间和"虚"的媒体空间，比前几种观点均有发展和创新，但其缺陷是外延太宽。随着全球经济一体化的发展，整个世界就是一个以经济利益为纽带的联合体，但不能将整个地球作为一个"会计主体"。同样，企业与客户之间、企业与生产厂家之间也是经济利益的联合体，但也不是一个会计主体。

3.网络化经济环境中"会计主体"基本假设

在网络化经济环境中"会计主体"基本假设应具备以下特征：①它应是具有特定财产的经济实体，并有经济业务或事项发生。②它应是一个相对独立的整体，其经济业务或事项应明显地区别于其他"会计主体"。③它应有资金管理、使用权，应独立进行经济核算并及时编制对外报表。④它应有相应的工作人员，有相应的技术技能。在网络化经济环境中人力资本将替代传统核心资产（土地、资本、设备等）成为会计主体的核心。⑤它应不断与环境进行物质、能量和信息的交流等。因此，我们将网络化经济环境中的"会计主体"基本假设诠释为"以经济利益为连接点，以项目合作为目标的经济组织集合体"。

（二）项目清算基本假设

项目清算基本假设是指在网络化经济环境中会计主体为实现某个或某组合作项目，通过E-mail等形式，将大量的网络资源（技术、资金、人力资本等）组织起来，并按照客户的具体要求进行产品设计、开发、创新、生产、制造、销售、服务和最终消费。这种模式集数字环境和物理环境为一体，其商务环境是由交互数字而不是原来的生产要素驱动，即端到端电子商务模式。当合作的某个或某组项目一旦完成，会计主体就需要对项目收益进行清算。不存在权责发生制、历史成本和跨期摊提等会计程序和方法将毫无意义。网络资源就在这种无形的网络媒介中实现着快速流动和组合。有学者提出在网络化经济环境中采用"破产清算与破产期间假设"来取代持续经营和会计分期假设，这有违网络公司经营的实际情况，当合作项目完成后，"网络公司"并没有进入破产程序，只是又重新寻找到新的投资合作项目，与"实"空间条件下的破产清算是完全不一样的，"破产清算和破产期间假设"并不适宜。只有"虚拟企业""网络公司"正式宣告破产（依法进行有关工商、行政、税务等登记后），才适用"破产清算和破产期间假设"。

（三）实时传递基本假设

受持续经营和会计分期基本假设的影响，现行会计信息报告和传递模式是按旬、月、年等时间期间进行的。我们把这种只受会计时间、会计空间限制的会计报告模式称为"二维平面"会计报告模式。财务报告提供者对外提供通用会计报表，会计信息使用者获得的信息仅限于财务报告提供的信息。如果存在什么疑问，就只能靠自己去揣摩、理解和领悟了。少有途径进一步了解会计主体的财会信息资料，即会计信息传递是一种单向流动模式。

在网络化经济环境中，"网络公司""信息高速公路""网络化劳动力""数字化顾客""电子商务"等要求会计系统从"二维平面"（时间、空间）会计报告模式转变为"三维平台"（时间、空间和速度）交互式信息交流会计报告模式。因此，应在网络化经济环境中增加会计信息"实时传递"基本会计假设。这是指在网络化经济环境中，会计主体对社会公众披露、揭示的财务信息都是公开、公平和公正的，所有信息使用者只要轻轻一点鼠标，即可享用 Web 网站相同的会计信息源。信息使用者若对企业财务信息存有疑问和需要进一步了解详情，可以通过 E-mail 形式进行交互式对话，从而获得信息，即会计信息的传递和交流是一种双向甚至多向流动模式。为了网络数据安全，要获得这种服务，必须具备相应的资格和授权才可进入数据库查询，如股东、投资者、债权人和政府监管部门等。网络公司也可以按服务收费原则代信息使用者查询、分析有关信息数据。

（四）在线货币基本假设

1.网络化经济环境对货币计量的冲击和挑战

在现代会计采用货币计量以前，会计还采用过实物量度、劳动时间量度等计量。即货币计量仅仅是会计计量史上的一个重要阶段。在网络经济环境中，货币计量基本会计假设除受到币值不稳定的影响外，还受到以下几个方面的影响。

第一，在农业经济、工业化经济生产情况下，产品价值决定于产品中所包含的"社会必要劳动时间"。外显化为货币计量历史成本数据。在网络未来时代，随着网络环境的变化，人们将创造性、分配性及产品营销等价值理念放到首位，人们可以在任何时间、任何地点从任意一个人手中买到所要买的商品。这种动态性影响的不仅仅是价格，而且还有商品本身的价值。"产品的价值何在，就是此刻在线我想付的价钱"。假设某套软件的开发成本为1000万元，在销量为1套、10套、1000套、100万套的情况下，软件的成本就将为1000万元、100万元、1万元、10元。其根源在于知识、技术使用的边际递增性，而传统经济资源使用呈边际递减性。在网络化经济环境下，产品的价值链完全发生翻转。

第二，传统货币计量的核心资产不断边缘化。现行会计侧重"资本、厂房、设备、土地"等有形物质资产，网络化会计注重"知识、技术、信息、人力资本"等无形资产，主要是人力资本的创造能力及衍生价值。在网络化经济环境中，传统货币计量的核心资产不断边缘化，无形资产逐步替代有形资产成为网络化会计计量的核心资产。因此，传统会计学中的"历史成本、现行成本、现行市价、可变现净值、未来现金流入量现值"等计量属性，均已不完全适应在线交易价格的需要。

第三，动态定价模式对货币计量的冲击。在网络时代，商品的定价将是一种动态定价模式。表8-1是传统商业、工业时代定价模式与网络时代定价模式的比较，现行"货币计量"由于会计基本假设不适应网络未来时代特点而受到冲击。

表 8-1　传统商业、工业时代定价模式与网络时代定价模式的比较

传统商业、工业时代	网络时代
卖方定价	买方定价
价格固定	价格灵活
根据供求关系	根据需求状况
根据以往销售情况	根据此刻销售情况
根据产品特征	根据产品内容
通过打折或优惠周期性地调整价格	随时调整价格

2.在线货币基本会计假设

"在线货币"是指现实货币在网络中的数字表示符号，是一种网络经济环境中的价值尺度和支付、流通手段。它继承了现实货币价值尺度（以"在线价格"形式衡量网络产品价值）、支付手段（以"金融网络"为媒介进行网络商品买卖支付）、流通手段（以"电子货币"形式充当网络商品流通中介）。不具有储藏职能，因为它仅仅是一种以阿拉伯数字表示的"概念货币"。

"在线货币"基本会计假设只适用于网络化经济环境，它仍然具有明显的弊端，易受货币不稳定的冲击和国际金融炒家的攻击，但它为解决网络化经济环境中会计计量属性之一——"在线价格"提供了可能，对金融创新和衍生金融工具的计量提供了可靠的保证。要真正完全解决传统会计"货币计量"基本会计假设面临的挑战，出路不在会计学，而在"世界货币"的诞生和应用。当未来网络化经济环境中，世界只有一种货币——"世界货币"时，"在线货币"将仅是世界货币在网络中的一种形式。当然，作为一种实体经济向虚拟经济的中间过渡，也有人认为应将传统会计"货币计量假设"改为"货币与非货币计量假设"。

第二节　会计信息质量要求

会计信息质量要求是在会计基本前提确定的基础上，对会计核算工作所提出的一般要求，是会计核算工作的规范，是进行会计处理和编制会计报表的基础。

一、会计信息质量要求的内容

在我国《企业会计准则——基本准则》(财政部令第 76 号 2014)规定的八项会计信息质量要求中，可靠性、相关性、可理解性和可比性是会计信息的首要质量要求，是企业财务报告中所提供的会计信息应具备的基本质量要求；实质重于形式、重要性、谨慎性和及时性是会计信息质量的次级质量要求，是对首要质量要求的补充和完善，尤其是对某些特殊交易或者事项进行会计处理时，需要根据这些质量要求来把握其会计处理原则；及时性是会计信息相关性和可靠性的制约因素，企业需要在相关性和可靠性之间寻求一种平衡，以确定信息及时披露的时间。

（一）可靠性

可靠性要求企业应当以实际发生的交易或者事项为依据进行确认、计量和报告，如实反映符合确认和计量要求的各项会计要素及其他相关信息，保证会计信息真实可靠、内容完整。

会计信息要有用，必须以可靠为基础。如果财务报告所提供的会计信息是不可靠的，就会对投资者等使用者的决策产生误导甚至损失。

为了贯彻可靠性要求，企业应当做到：

第一，以实际发生的交易或者事项为依据进行确认、计量，将符合会计要素定义及其确认条件的资产、负债、所有者权益、收入、费用和利润等如实反映在财务报表中，不得根据虚构的、没有发生的或者尚未发生的交易或者事项进行确认、计量和报告。

第二，在符合重要性和成本效益原则的前提下，保证会计信息的完整性，其中包括应当编报的报表及其附注内容等应当保持完整，不能随意遗漏或者减少应予披露的信息，与使用者决策相关的有用信息都应当充分披露。

第三，包括在财务报告中的会计信息应当是中立的、无偏的。如果企业在财务报告中为了达到事先设定的结果或效果，通过选择或列示有关会计信息以影响决策和判断，这样的财务报告信息就不是中立的。

（二）相关性

相关性要求企业提供的会计信息应当与财务报告使用者的经济决策需要相关，这有助于财务报告使用者对企业过去、现在或者未来的情况作出评价或者预测。

会计信息是否有用，是否具有价值，关键是看其与使用者的决策需要是否相关，是否有助于决策或者提高决策水平。相关的会计信息应当能够有助于使用者评价企业过去的决策，证实或者修正过去的有关预测，因而具有反馈价值。相关的会计信息还应当具有预测价值，有助于使用者根据财务报告所提供的会计信息预测企业未来的财务状况、经营成果和现金流量。例如，区分收入和利得、费用和损失，区分流动资产和非流动资产、流动负债和非流动负债以及适度引入公允价值等，都可以提高会计信息的预测价值，进而提升会计信息的相关性。

会计信息质量的相关性要求，需要企业在确认、计量和报告会计信息的过程中，充分考虑使用者的决策模式和信息需要。但是，相关性是以可靠性为基础的，两者之间并不矛盾，不应将两者对立起来。也就是说，会计信息在可靠性前提下，应尽可能做到相关性，以满足投资者等财务报告使用者的决策需要。

（三）可理解性

可理解性要求企业提供的会计信息应当清晰明了，便于财务报告使用者理解和使用。

企业编制财务报告、提供会计信息的目的在于使用，而要让使用者有效使用会计信息，应当能让其了解会计信息的内涵，弄懂会计信息的内容，这就要求财务报告所提供的会计信息应当清晰明了，易于理解。只有这样，才能提高会计信息的有用性，实现财务报告的目标，满足向投资者等财务报告使用者提供决策有用信息的要求。

会计信息毕竟是一种专业性较强的信息产品，在强调会计信息的可理解性要求的同时，还应假定使用者具有一定的有关企业经营活动和会计方面的知识，并且愿意付出努力去研究这些信息。对于某些复杂的信息，如交易本身较为复杂或者会计处理较为复杂，但其与使用者的经济决策相关的信息，企业就应当在财务报告中予以充分披露。

（四）可比性

可比性要求企业提供的会计信息应当具有可比性。具体包括下列要求。

第一，同一企业对于不同时期发生的相同或者相似的交易或者事项，应当采用一致的会计政策，不得随意变更。这是为了便于投资者等财务报告使用者了解企业财务状况、经营成果和现金流量的变化趋势，比较企业在不同时期的财务报告信息，全面、客观地评价过去，预测未来，从而做出决策。但是，满足会计信息可比性要求，并非表明企业不能变更会计政策，如果按照规定或者在会计政策变更后可以提供更可靠、更相关的会计信息，就可以变更会计政策。有关会计政策变更的情况，应当在附注中予以说明。

第二，不同企业发生的相同或者相似的交易或者事项，应当采用规定的会计政策，确保会计信息口径一致、相互可比，即对于相同或者相似的交易或者事项，不同企业应当采用一致的会计政策，以使不同企业按照一致的确认、计量和报告基础提供有关会计信息，以便投资者等财务报告使用者评价不同企业的财务状况、经营成果和现金流量及其变动情况。

（五）实质重于形式

实质重于形式要求企业应当按照交易或者事项的经济实质进行会计确认、计量和报告，不应仅以交易或者事项的法律形式为依据。如果企业仅仅以交易或者事项的法律形式为依据进行会计确认、计量和报告，那么就容易导致会计信息失真，无法如实反映经济现实和实际情况。

企业发生的交易或事项在多数情况下，其经济实质和法律形式是一致的，但在有些情况下，会出现不一致。例如，以融资租赁方式租入的资产虽然从法律形式来讲企业并不拥有其所有权，但是由于租赁合同中规定的租赁期相当长，接近于该资产的使用寿命，在租赁期结束时，承租企业有优先购买该资产的选择权；在租赁期内，承租企业有权支配资产并从中受益等。因此，从其经济实质来看，企业能够控制融资租入资产所创造的未来经济利益，在会计确认、计量和报告上就应当将以融资租赁方式租入的资产视为企业的资产，列入企业的资产负债表。

又如，企业按照销售合同销售商品但又签订了售后回购协议，虽然从法律形式上实现了收入，但如果企业没有将商品所有权上的主要风险和报酬转移给购货方，没有满足收入确认的各项条件，即使签订了商品销售合同或者已将商品交付给购货方，也不应当确认销售收入。

（六）重要性

重要性要求企业提供的会计信息应当反映与企业财务状况、经营成果和现金流量有关的所有重要交易或者事项。

在实务中，如果会计信息的省略或者错报会影响投资者等财务报告使用者据此作出决策，该信息就具有重要性。重要性的应用需要依赖于职业判断，企业应当根据其所处环境和实际情况，从项目的性质和金额大小两方面加以判断。

（七）谨慎性

谨慎性要求企业对交易或者事项进行会计确认、计量和报告时应当保持应有的谨慎，不应高估资产或者收益、低估负债或者费用。

在市场经济环境下，企业的生产经营活动面临着许多风险和不确定性，如应收款项的可收回性、固定资产的使用寿命、无形资产的使用寿命、售出存货可能发生的退货或者返修等。会计信息质量的谨慎性要求，需要企业在面临不确定性因素的情况下做出职业判断时，应当保持应有的谨慎，充分估计到各种风险和损失，既不高估资产或者收益，也不低估负债或者费用。例如，要求企业对可能发生的资产减值损失计提资产减值准备、对售出商品可能发生的保修义务等确认预计负债等，这些都体现了会计信息质量的谨慎性要求。

谨慎性的应用并不允许企业设置秘密准备。如果企业故意低估资产或者收益，或者故意高估负债或者费用，将不符合会计信息的可靠性和相关性要求，损害会计信息质量，扭曲企业实际的财务状况和经营成果，从而对使用者的决策产生误导，这是会计准则所不允许的。

（八）及时性

及时性要求企业对于已经发生的交易或者事项，应当及时进行确认、计量和报告，不得提前或者延后。

会计信息的价值在于帮助所有者或者其他方做出经济决策，具有时效性。即使是可靠、相关的会计信息，如果不及时提供，就失去了时效性，对于使用者的效用就大大降低甚至不再具有实际意义。在会计确认、计量和报告过程中贯彻及时性，一是要求及时收集会计信息，即在经济交易或者事项发生后，及时收集整理各种原始单据或者凭证；二是要求及时处理会计信息，即按照会计准则的规定，及时对经济交易或者事项进行确认或者计量，并编制出财务报告；三是要求及时传递会计信息，即按照国家规定的有关时限，及时地将编制的财务报告传递给财务报告使用者，便于其及时使用和决策。

在实务中，为了及时提供会计信息，可能需要在有关交易或者事项的信息全部获得之前就进行会计处理，这样就满足了会计信息的及时性要求，但可能会影响会计信息的可靠性；反之，如果企业等到与交易或者事项有关的全部信息获得之后再进行会计处理，这样的信息披露可能会由于时效性问题，对投资者等财务报告使用者决策的有用性将大大降低。这就需要在及时性和可靠性之间做相应权衡，以最好地满足投资者等财务报告使用者的经济决策需要为判断标准。

二、我国会计信息质量要求的特点

（一）具有强制性和权威性

我国会计信息质量要求是《企业会计准则——基本准则》的组成部分，属于会计法规范畴，具有强制性和权威性特点；不足的地方是缺乏明确的处罚规定。换言之，我国会计法规与其他法规，诸如《刑法》《民法》《公司法》等之间未形成完整的系统。

（二）逻辑体系不够严密

我国会计信息质量要求采用法规模式，使各会计信息质量要求之间形成一种平行、并列的关系，难以使各会计信息质量要求形成一个逻辑严密的体系。

第三节 内部控制与会计信息质量

一、内部控制理论

内部控制是为了保证经营管理合法合规、企业资产有效控制、财务报告及相关信息真实完整、经营效率和效果的改善、企业发展战略的实现。企业内部控制由内部牵制阶段到企业风险管理框架阶段，使内部控制逐步形成了较为完善的管理体系。从最初的注重资产管理过渡到企业风险管理，逐步建立了系统的制度，形成了控制体系。

（一）内部控制的要素

内部控制包括五大要素，即内部环境、风险评估、控制活动、信息与沟通以及内部监督。

1.内部环境

内部环境是内部控制发挥效用的依托和基础。作为重要的内部控制组成元素，内部环境决定了企业经营管理模式和管理哲学，对内部控制的有效实施给出了前提。内部环境也涉及一些子要素，例如公司治理层级结构、企业能力、企业文化、人力资源政策、发展战略和社会责任履行情况。公司治理结构是公司运作的整体框架，内部环境各组成要素之间也是相辅相成、缺一不可的。要对公司层级机构进行精简，使治理机制与公司整体发展目标相配套，保证内部控制组织的效力。企业发展战略的制定要以社会责任的履行为前提。社会责任的履行彰显了企业在承担经济人角色的同时也承担社会人角色，而社会责任的履行可以提升企业外部形象，传递企业经营能力。同时，企业人力资源政策要保证企业能力的充分体现。人力资源政策的适当与否关系到企业人力资本的集聚效应，通过建立相应的人力资源政策，可以促使企业员工充分发挥"胜任力"。企业文化是当前企业赖以生存的基础，企业文化可以提升企业凝聚力，使企业组织成员能够秉承统一的目标和使命，共同为企业的发展贡献力量。由此可以看出，企业文化对内部控制的有效实施有显著的促进作用。

2.风险评估

风险评估是基于内外部环境分析企业面临的各种不确定因素，从而识别出风险要素并加以应对的过程。在市场经济环境下，企业在经营过程中面临着各种不确定因素，这些不确定因素大致可分为三种：有利因素、不利因素以及无关因素。对企业经营有利的因素即企业面临的机会；不利因素指企业面临的风险，企业面临着外部风险和内部风险。风险评估过程包括风险识别、风险分析、风险应对三个部分。企业风险评估过程中要对风险有及时的认识，针对所识别的风险对风险要素进行客观谨慎的分析，进而做出风险应对的策略，如选择规避风险、降低风险或接受风险和分担风险。总之，企业要根据面临的具体形势制定合理的应对策略，从而把风险引发的后果控制在最低的水平。

3.控制活动

控制活动作为内部控制构成要素，主要是通过控制企业日常经营活动保证企业内部控制目标的实现。企业控制活动包括制度层面控制活动和业务层面控制活动。总体来说，制度层面控制活动主要涉及企业经营管理的根本制度，是企业日常经营活动的纲领，引导企业主要业务活动的实施。在企业内部控制的构建中，针对不相容职务进行分离控制主要是为了形成岗位职务间的制衡作用，有效地对经营活动进行监督。业务层面控制活动通过控制企业具体的经营活动从而保证企业日常经营的有序进行，包括会计活动控制、财务安全控制和预算管理控制等。会计控制活动主要是为了保证企业会计信息形成的规范性，使会计业务活动严格遵循会计制度的要求。财务安全控制是对企业财产物资的有效控制，对财产物资要通过清查管理并生成反馈机制，有效对财产物资进行调度和使用，提高业务运作效率。预算管理控制是对企业未来活动安排进行的预算活动，要保证预算的合理性并在项目实行过程中把预算控制在有效的范围内。

4.信息与沟通

信息作为一种有价值的资源，其数量及质量直接关系到企业决策有用性水平。在企业的经营期内，企业会接收到各种信息，外部信息包括政策法规以及企业面临的经济形势，内部信息包括企业生产经营状况和企业管理水平。为了发挥信息的有用性，保证企业各级员工各司其职，企业就要建立信息处理机制，拓宽信息收集渠道，筛选出对企业有用的信息，并建立信息共享机制，保证信息传递的效率。要不断对企业信息系统进行维护，保证信息系统时刻发挥效用，为企业经营管理决策提供有效率的信息资源。沟通是对信息进行传递的一种方式，也是企业经营决策的必要环节。企业要致力于沟通机制的建立和完善，逐步开放决策民主化，使基层员工能够参与企业经营决策的具体环节，提升决策有效性水平。

5.内部监督

内部监督贯穿企业经营各个环节,是内部控制发挥作用的核心要素。内部监督与内部控制中的其他要素相辅相成。内部监督是对整个体系是否正常运作进行的全面考察,并对各类缺陷情况和整改进行反馈,同时督导内部控制人员履行职责。内部监督贯穿整个控制过程始终。

(二)内部控制信息披露相关内容

1.内部控制信息披露的内涵

内部控制信息是上市公司重要的信息资源,内部控制质量的优劣影响企业经营和战略目标的实现,对企业财务会计信息质量起到一定程度的约束作用。企业经历两权分离之后,各利益相关者更深刻认识到内部控制对企业管理的必要性。那么,就需要通过一个便捷的途径使各企业相关者了解所需控制信息,帮助利益相关者作出正确决策。

2.内部控制信息披露的目标

企业进行内部控制信息披露,除了是遵循内部控制的相关制度以外,也体现了受托责任观和决策有用观的履行。管理者受企业所有者的托付对各项业务事项进行监管,委托者就要对被委托者的受托责任履行情况进行考察,这一考察主要是通过明晰的信息披露来实现,这也是管理层受托责任解除的一种方式。同时,通过对外披露内部控制情况,可以保证外部利益相关者享有对企业的知情权,有益于外部投资者据此作出有效决策。因此,内部控制信息披露的总体目标就是实现对投资者利益的保护。内部控制信息披露目标的实现要以内部控制目标的实现为前提,信息披露的目的主要是传达内部控制各目标的完成情况。

(1)揭示企业经营合法合规

企业进行经营管理活动首先要遵守合法性原则,内部控制的设计要以保证企业对合法性要求的履行为目的,并要持续改善经营管理中的差错和漏洞,严格避免由于内部控制的不足造成企业违规事件的发生。因此,企业进行内部控制信息披露就会对内部控制的执行成本和期望效益进行考量。通过内部控制信息披露,企业向外界传达了经营合法性的信号,而披露内部控制信息本身就使企业暴露在公众的监管之下。由此,这种监督效应就会对企业的合法经营起到约束作用。同时,企业也会享有通过内部控制信息披露带来的企业形象提升效益。所以说,内部控制信息披露本身就是企业对法律法规遵循的表现。通过这种披露形成的约束作用，企业可以充分揭示经营活动的合法性和合规性。对于投资者来说，内部控制信息披露可以保证其对企业内部管理状况以及运营情况的掌握力度，是对投资者利益的一种保护。

（2）显示财务报告的真实可靠

内部会计控制是内部控制的主干。企业各相关者主要关注所提供财务报告是否真实可靠。内部控制就是要保证财务报告的有效性。对内部控制进行信息披露，可以形成一种制衡机制，约束管理层行为，促使企业管理层改善财务报告质量。所以，内部控制信息披露可以传递一种积极信号，使企业各外部利益相关者及时掌握企业所需求的信息；同时，也是管理层受托责任的解除，企业外部利益相关者由此可以得到有效的会计信息辅助投资决策。

（3）展现经营效率和效果的改善

企业的持续稳定发展要靠企业经营效率和效果的改善来实现，通过经营效率和效果的提升，可以提高企业经济利益，吸引潜在的外部投资者。而这种经营效率和经营效果良好的信号就可以通过内部控制信息披露来传达。不管是企业内部经营管理者，还是企业外部投资者，关注的都是能否通过企业经营获得更多的收益，内部控制的建设也以经营效率和效果的保证为目标。企业管理者受托对企业进行管理，肩负着提升企业效益、为股东创造价值的责任。内部控制信息披露就可以保证企业内外部信息使用者对企业经营效果的知悉，同时也会督促管理者对公司经营状况进行改善，使企业外部投资者获得更多收益。

（4）体现战略规划的可持续性

企业进行战略规划的目的就是对未来经营管理进行一种预测，并通过一系列战略管理活动保证预测的实现。企业就需要构建完整的内部控制框架，保证企业战略目标的可持续性。企业外部投资者同样对决策有一种规划，他们通过关注企业的现实经营情况，对企业的未来发展进行预测，从而进行现实投资决策。因此，作为外部利益相关者，更为关注的是企业的长远发展能力和可持续发展力。那么，企业在进行内部控制构建时就要紧密结合战略目标的制定和战略决策的规划。在内部控制信息披露中也要充分体现企业战略的形成条件、企业经营的现实状况以及战略规划的完成情况，为外部投资者提供信息，引导其对企业未来发展进行更为可靠的预测。同时，企业作出战略规划也会促使其构建战略预警机制，保证企业战略目标的实现，向外界展现企业可持续发展能力，吸引外部潜在投资者做出投资决策，并维护投资者利益。

二、完善内部控制，提高会计信息质量

（一）内部控制质量优化对策

1.内部控制设计的优化

（1）内部环境的优化

①构建生态内部控制环境

内部控制作为企业经营管理的重要组成部分，其有效性直接关系到企业经营目标以及战略目标的实现。因此，要切实提高内部控制有效性水平，首先就要完善内部控制环境，建立基于组织生态学理论的企业内部控制环境。组织生态学理论的精髓是适应法则和优胜劣汰。类比于内部控制，内部控制环境分为外部控制环境和内部控制环境。外部控制环境如宏观经济环境和市场因素是企业不可控的因素，因此企业就要进行自身调节从而适应外部环境的要求，这是遵循生态法则的体现。内部控制环境是动态的并且是可以调节的，对内部控制环境的优化要基于组织生态学理论，其本质也就是建立适合企业发展的企业文化。企业文化是企业可持续发展的中坚力量，企业文化定位的不当会引发企业内部控制的消极反馈，因此企业内部控制环境的建立有助于企业不断进行自我调整从而达到适应环境的目标，保证内部控制有效性实施。纵观经营管理哲学，企业文化的建立越来越注重人本文化，建立以人为本的企业文化是企业内部控制环境的要求。人力资源是企业重要的资源之一，人的行为受到人的主观能动性影响，因此员工的满意程度直接关系到员工能力水平的发挥；以人为本即是以员工切实需求为出发点，增强员工满意度，促进企业内部控制环境的和谐，保证内部控制有效性水平的提升。

②建立权责明确的组织机构

随着市场经济的快速发展，企业越来越关注经营的效率和效果。要想保证内部控制质量，就要建立适合企业发展的组织体系。这就需要首先明确组织的目标和组织的特性，使组织决策更民主化，要缩小管理幅度，精简机构，提高组织运行的效率，从而使信息传递更迅速。要合理分配组织内部权力，明确权责，要对权力因人而置，根据组织中层级胜任力进行授权，保证组织内部对权责的合理运用。严格限制职责的重叠和交叉，保证组织运行的效率。在企业组织机构的设置中，董事长是董事会的核心领导，总经理是管理层的核心人物，总经理授权对公司各项事务进行管理，是对董事会各决策事项行使执行权力的核心力量。在董事会制度建设的过程中，要特别注意独立董事作用的发挥，

独立董事比例要达到上市公司独立董事要求，这样才能降低舞弊行为的发生，发挥独立董事的制衡作用。

③提升企业总体能力水平

企业能力是广义的概念，既包括企业整体组织能力，也包括企业实际控制人能力和企业员工胜任力。优化内部控制，就要提升企业总体能力水平。要建立健全人力资源政策，优化人员选拔机制，做到人力资本成本和收益的平衡。要充分挖掘企业能力的潜在优势，使其成为企业核心竞争力的组成要素，要根据不同岗位的人员能力要求制定合理的薪酬机制和奖励机制，带动企业全员进行自主能力提升的积极性。针对企业整体组织能力，要充分提升组织规划的可操作性和效益性，设定组织机构的框架和体系。同时，要确保体系的稳固性和动态性：稳固性要求企业组织能力可以为企业起到纲领性的作用，而动态性就要求企业整体组织规划具有弹性，企业实际控制人可以根据企业目标和企业运作做出微调，保证企业组织管理和治理效用水平的发挥。企业组织能力和员工胜任力是不可分割的，企业员工胜任力要求企业实际控制人具有市场的敏感性和对未来趋势的洞察力，制定合理的组织体系，对员工职责有明晰的界定，引导员工发挥自身胜任力，实现企业目标。

④建立完善的人力资源政策

人力资源是企业的核心资源，良好的人力资源政策，是企业发展的动力和源泉，企业建立人力资源政策的本质就是要充分发挥人力对企业经营管理的推动作用。因此，为了提高企业内部控制的整体水平，就要从人力资源政策的完善入手。首先，人力资源政策涉及企业员工的聘用、薪酬、培训、考评、晋升等环节，在员工聘用制度的建立过程中，要始终践行岗位与能力适应原则，在考察人力资源专业素养的基础上，把企业文化和企业经营发展的理解作为人员聘用的重要参考方面，并把员工个人基础素养作为重要的评估要素。其次，要建立适合的员工培训制度，要定期或不定期对员工进行专业培训，组织提升员工专业素养的活动，建立轮岗制度，使员工在工作过程中全面提升素质，提升岗位胜任能力。通过各式各样的文体活动，增加员工之间交流的机会，提高组织的黏合效力，塑造良好的企业文化，发挥团队组织的合力，使企业形成以人力资源为本的优势竞争效力。除此以外，要建立有竞争力的薪酬体系，以员工满意度提升为目的，在经济激励的基础之上，增加精神激励的措施，提高员工的归属感和存在感。例如，参与决策的权力、提供晋升机会以及良好的工作环境等。通过人力资源政策的完善，充分保证员工能力的发挥，确保其对企业经营管理尽职尽责，对其他员工舞弊行为进行监督，培养员工正直、诚实、廉洁的品质，提升组织运作的执行力。

（2）风险管理的优化

①重视风险防范和监督管理

内部控制过程的实施伴随着各种风险，风险的发生意味着企业的损失和企业经营和管理目标实施的阻碍。因此，要做好风险管理并实施必要的监管程序。风险管理的前提就是要做好企业战略目标的制定。战略目标制定不能脱离企业经营实际，否则将没有任何意义，企业一切活动都是服务于战略目标的实现。战略目标制定之后，企业要根据所处环境分析各种不确定要素，充分利用有利因素，即机会；防范不利因素，即风险，尽可能把风险控制在最小水平。这就需要充分发挥企业能力，包括实际控制人对企业发展的预测和掌控、企业经营管理者对企业面临不确定因素的敏感度以及员工的执行力。要建立企业风险预警机制，使企业逐渐形成风险应对习惯。内部控制要始终与风险管理相契合，风险评估的有效性关系到内部控制质量，重视风险防范和监督是内部控制有效性水平提升的保障因素。

②提升企业应对内外部风险能力

企业经营管理过程中面临着各种内外部风险，重视风险防范和建立风险预先反应机制是最大限度地避免或缩小风险影响力的体现。那么在风险确定之后，就要提升企业应对风险的能力，从而降低或转化风险发生带来的危害。这就要求企业对风险进行识别和分析，根据风险的特性提出减轻或转移风险的对策。例如，可以把风险转移给第三方，进行投保或业务外包，也可以选择积极接受风险，把风险引发的效果限定在可控的水平。企业风险管理是一个长期的过程，提升企业应对风险的能力，本质上就是要提升企业本身的综合实力，这就需要企业站在战略管理的高度，完善经营管理，充实企业实力，加大风险方面的投资管理力度。

（3）控制活动的优化

①加强职务分离、授权审批控制效果

依据企业不相容业务职责权限分开的原则，在内部控制质量的提升中就要做到职权的分明和互补，要对相关敏感岗位设定明晰的职责规范，进而形成制衡和监督交互的作用效果。对于不相容职务要由不同的人胜任，防止职务重叠造成的控制活动不规范行为。设置制衡岗位可以有效形成相互监督的局面，保证内部控制在企业内部充分发挥作用。例如，在职责分离控制的基础上，授权审批控制就是明确相关经办人员的职权和责任，使业务经办人员在处理具体事务时能够得到合理的权限，防止对所授权限的滥用或超越，保证内部控制的效率。

②强化企业会计系统控制水平

控制活动中的会计系统控制是企业对日常会计事项进行分类、记录并报告过程中的控制。会计系统可以对企业内部管理者传递经营信息，通过信息的披露，会计系统可以向企业外部利益相关者提供决策参考信息。企业会计系统控制活动就是要保证会计记录的真实和合法，要依据会计相关法律制度进行相关账务处理，编制会计凭证和账簿，对外报告与企业经营相符的会计信息。企业会计控制活动效率的提升不仅可以保证企业内部控制活动的加强，还可以保证企业会计信息质量的提升，防止会计舞弊现象的发生。

③加强企业预算管理控制

企业进行预算管理是根据企业的经营目标对资源的配置进行预先量化并使预算与控制相符的一系列活动。我国企业进行预算管理是由董事会制定方案并由管理层付诸实施。因此，加强预算管理就要保证预算制定的科学化并对活动实施进行严格控制，实现预算管理的目标。具体来说，在进行预算管理之前，要对企业市场运行情况进行分析并明确企业各项资源的掌握情况，确定企业的发展目标并制定战略规划，保证预算编制的合理性和科学性。同时，预算制定要留有一定的弹性，防止由于预算不足或过大造成的企业经营风险。预算的执行要严格遵照预算的制定，对预算的执行进行监督管理，实现预算管理的目标。除此之外，预算管理在实施过程中肯定会有偏差，这与预算设计的假设条件有关系，当预算实施过程中企业经营环境发生变化时，要灵活地调整预算，防止对预算控制过于严格造成的经营风险。

（4）信息与沟通的优化

①建立完善的信息系统

信息是企业重要的资源，信息的获得是企业经营决策的基础。同时，信息的传递是企业吸引外部投资者的重要方式。在提升内部控制的过程中，就要建立良好的信息系统，开拓信息收集渠道，保证信息收集的效率，从而防止信息不完全造成的经营风险，并对信息进行加工处理，筛选出有效的信息辅助管理层决策。针对企业信息，要开放信息传递的渠道，对企业外部相关者所需求的信息进行发布。通过发布企业一系列会计信息和市场信息吸引企业外部投资者，降低融资成本。同时，要建立信息的反馈机制，对信息处理过程中的不当问题要及时处理，提高信息系统的运行效率，最大限度地发挥信息对企业经营管理的作用。

②改善沟通机制实施效果

沟通机制作为内部控制有效性影响因素之一，沟通的效果直接关系到内部控制的质量。在完善内控的环节中，企业要特别注意沟通机制的逐步优化。沟通机制的建立要充分考虑沟通的层次，同层次之间的沟通较易进行，这是由于同层次人员能力差异不大、目标一致。在企业上下层沟通中，企业上层管理者更关注企业价值的实现，而企业下层员工更关注自我价值的实现，在企业上下层之间就存在一种心理契约。因此，沟通机制的建立就要充分考虑心理契约的影响，通过完善沟通机制、建立有效的沟通渠道，使上层管理者能够充分了解下层员工的心理期望和价值观念，在明确员工心理契约内容之后才能据此作出人力资源调整，从而弥补沟通障碍，提高沟通效果，完善内部控制有效性水平。在企业内部控制实践中，要建立以人为本的双向沟通机制，使企业员工可以定期或不定期反映作业目标实现中的问题，而企业上层管理者要对这些问题予以积极反馈。管理者要时刻关注员工表现，对员工工作中出现的问题要及时进行沟通，要使员工充分树立企业与自身发展相一致的信念，从而自觉进行能力的完善和监督自身行为。

（5）内部监督的优化

①健全内部审计制度

内部审计制度是针对企业经营过程中的财务收支和资金使用进行监督管理的制度。内部审计部门要积极履行审计义务，对企业内部审计事项进行监督和报告，内部审计部门在工作中要保持其独立性，要与其直接领导人有良好的沟通，便于对监督事项提出客观的审计报告。作为公司的管理者，要充分重视内部审计的作用，加强对内部审计建设的认识，组织内部环境以适合内部审计工作的进行。作为管理者，要规范自身行为，发挥审计带头作用，积极支持内部审计人员工作，要切实遵循公司内部章程，形成良性的公司经营和监管局面。内部审计主要监督公司财务收支以及经营管理的各个方面，提升内部控制质量要健全内部审计制度，使内部控制审计发挥对内部控制执行的制衡作用。

②建立健全问责制度

内部监督是内部控制的重要环节，除了要重视内部审计的重要作用外，要想保证监督作用的有效发挥，更要完善责任制度，要保证权责明确。健全问责制度，保证内部控制切实发挥制衡效果。在公司的经营管理过程中，要明确各个岗位职责，出现问题时，要问责到个人，使每个员工都落实具体责任，防范权责模糊造成的无人担责现象。通过建立健全问责制度，可以有效保证员工各司其职，规范企业员工的各项行为。根据内部控制的具体要求，践行内部控制的各项制度，保证内部控制实施的效果。

2.内部控制执行的优化

内部控制质量的提升不仅需要对内部控制体系进行合理的设置，针对内部控制各要素进行改善，同时需要对所设计的内部控制体系严格执行，只有内部控制执行的有效性才能保证内部控制质量的优化。

（1）提高企业全员对内部控制的重视程度

内部控制是基于企业自身实施的控制行为，能够显著提高会计信息生成的质量。该体系的构建是为了确保企业各项事务的有序和有效进行。因此，要想充分保证内部控制执行的效力和效果，就要切实提高组织全员对企业自身控制重要性活动的认知。内部控制根据层次角度可以划分为三部分，分别为治理层面的内部控制、管理层面的内部控制以及作业层面的内部控制。治理层面内部控制主要涉及企业核心董事会阶层，管理层面内部控制针对企业管理层，作业层面内部控制面向企业基层员工。因此，要切实提高全员对内部控制的认知度，就要自上而下践行内部控制思想，传递内部控制理念，激励全员自觉遵守内部控制的各项规章制度。作为企业管理阶层，承担着治理阶层的委托并对作业阶层起到领导作用。因此，管理者的个人素质直接影响内部控制的质量。要基于企业本身塑造优化的控制氛围，促进各项活动的顺利开展和效果的提升。

（2）提高内部审计人员综合素质

内部控制的有效执行得益于企业外部和内部监督机制的双重作用。外部监督机制主要针对企业所披露信息的真实性作出评价，要想提升内部控制质量，最根本的是从内部监督的完善入手。这就需要企业充分重视内部监督和内部审计人员的作用，提升内部控制审计人员素质，加强内部控制监督管理人员和审计人员道德建设，培养其具备诚信客观的品质。内部审计制度在我国的应用还不够完善，由此更需要高素质的内部审计人员引导审计的良好运作和发展。因此，内部审计人员要恪尽职守，针对公司的管理漏洞积极与管理人员沟通，并针对管理漏洞提出有益于内部控制建设完善的意见。除此之外，内部审计人员要深入参与公司风险管理，协助公司内部控制的有效运作，帮助公司优化管理和提升绩效。

（3）强化内部控制监督和反馈机制的构建

企业内部控制体系是随着企业经营环境和发展目标的不同而变化的，不同企业内部控制体系的构成也不相同。因此，在内部控制实施过程中，要对内部控制进行严密监督，要充分保证内部控制按照体系运行，保证内部控制各要素充分发挥作用。由于企业所处环境以及企业内部组织机构的变化，要及时对企业内部控制体系进行反馈和修正，保证内部控制体系的构建符合企业所处的行业环境以及企业制定的战略目标。企业内部控制的构建不是一成不变的，要做好内部控制的整体监管，使内部控制处于动态平衡之中，只有这样，才能保证内部控制体系符合企业自身实际情况，充分发挥内部控制的作用，为企业会计信息质量起到有效的监督作用。

（二）内部控制信息披露质量优化对策

1.建立规范化的内部控制信息披露制度

当前，我国内部控制信息披露制度的日趋完善，要求上市公司自主测评内部控制情况并随公司年报一同报出，并要对内部控制情况进行裁定，并要求审计机构对内部控制情况进行审计。内部控制信息披露制度在一定程度上可以监督企业会计信息质量的生成，保证会计信息真实有效。提升信息披露的效度水平，就要从制度因素和效果的完善入手，保证信息披露切实起到约束作用。要对披露内容进行限定，激发企业建立完善的内部控制制度。对内部控制的缺陷情况进行报告会对外界发出企业控制状况不利的信号，损害企业各关联方积极性。所以，构建规范化的内部控制信息披露制度可以促使企业致力于内部控制系统的完善。

2.提升企业外部监督水平

企业内部控制质量的提升离不开外部监督水平的提升，通过加强外部监督作用，可以对企业内部监督形成制衡作用，规范企业内部控制信息披露行为。一旦企业内部控制运作出现问题，外部监督机构就会对企业经营状况作出负面评价，由此会损害企业形象，使企业失去外部潜在投资者。外部监督力量主要包括投资者、债权人以及监管机构和外部审计机构，企业内部控制弱化产生的任何问题，都会被企业外部监督力量所掌握，从而外部监督力量对企业的关注会降低企业发生财务舞弊的行为，并会敦促企业进行内部控制的完善，提升企业经营的效率和效果，符合外部利益相关者或监督机构的要求。

第九章 会计对象与会计要素、会计确认与会计计量

第一节 会计对象与会计要素

一、会计对象

会计对象是指会计核算和监督的内容。它可以从两方面来解释：一方面是反映各单位会计共同点的会计一般对象，另一方面是结合各单位会计不同特点的会计具体对象。

（一）会计的一般对象

在社会再生产过程中，凡是能够用货币表现的经济活动，都是会计核算和监督的内容。在商品经济条件下，能够用货币表现的经济活动，通常又称为资金运动或价值运动。所以，会计的一般对象是社会再生产过程中的资金运动

（二）企业会计的具体对象

一般以制造业企业的资金运动来分析会计的具体对象。制造业企业的资金运动经过资金筹集过程、供应过程、生产过程、销售过程和利润分配过程五个基本环节，其资金运动表现为资金的投入、资金在企业内部的循环与周转、资金的退出。

第一，资金筹集过程，是指企业在创立时，需要依据国家法律法规，采取发行股票或银行贷款等方式筹集资金的过程，用于购买生产资料或在生产经营过程中周转使用。资金筹集是为了满足企业对资金的需求。

第二，供应过程，是指企业的货币资金转变为生产储备资金的过程。如用货币资金

购建厂房、机器设备等劳动资料，形成固定资产，并用货币资金购买劳动对象，支付采购费用，形成各种材料物资以及购买专利形成企业新产品生产过程。

第三，生产过程，是指生产者使用生产工具等劳动手段，对原材料进行加工，最终生产出产品。这一环节，已耗费的劳动资料和劳动对象的价值转移到了产品上去，并发生人工耗费，同时创造出新的价值。

第四，销售过程，是指企业将生产出来的产品销售给购买者，取得销售收入，收回了货币资金的过程。

第五，利润分配过程，是指企业对取得利润的分配。收入包括成本回收和纯收入两部分。前者由企业扣除以使之继续参加生产周转；后者是缴纳国家税费后的净利润，一部分作为投资报酬分配给投资者，余下部分作为企业的留存收益。向国家缴纳税费及向投资者分配投资报酬的资金退出企业，而留存收益则继续参加生产。

制造业企业的资金经过供应过程、生产过程、销售过程不断地循环周转。这些资金在空间序列上同时并存，在时间序列上依次继起。就整个资金运动而言，资金运动的过程还应包括资金的投入和资金的退出。

可见，制造业企业的会计对象就是该类企业资金的投入、循环与周转、资金的退出等经济活动而引起的各项资源的增减变化、各项成本费用的形成和支出、各项收入的取得以及损益的发生、实现和分配。简言之，就是制造业企业的资金运动。

二、会计要素

会计要素是对会计对象进行的基本分类，是会计对象的具体化，也是财务报表的基本构成要素。我国《企业会计准则—基本准则》规定会计要素为资产、负债、所有者权益、收入、费用和利润六项要素。其中，资产、负债、所有者权益是反映企业财务状况的会计要素，收入、费用和利润是反映企业经营成果的会计要素。

（一）资产

资产是指由企业过去的交易或者事项形成的，由企业拥有或者控制的，预期会给企业带来经济利益的资源。

资产具有以下几个基本特征：

第一，资产是一项由过去的交易和事项形成的资源。资产是由过去的交易和事项形成的结果，资产必须是现实的资产，而不是预期的资产。至于未来交易或事项以及未发生的交易或事项可能产生的结果，则不属于现实的资产，不得作为资产确认。

第二，资产必须为某一特定主体所拥有或者控制的资源。由企业拥有或者控制是指企业享有某项资产的所有权，或者虽然不享有某项资产的所有权，但该资产能被企业所控制。

第三，资产预期会给企业带来经济利益。预期会给企业带来经济利益是指资产具有直接或者间接导致现金或现金等价物流入企业的潜力。这种潜力可以来自企业日常生产经营活动，也可以是非日常生产经营活动。带来的经济利益可以是现金或者现金等价物，也可以是能转化为现金或者现金等价物的其他资产，还可以是减少现金或者现金等价物流出的形式。

（二）负债

负债是指由过去的交易或者事项所形成的，预期会导致经济利益流出企业的现时义务。

负债具有如下几个基本特征：

第一，负债是由企业过去的交易或者事项形成的现时义务。负债是由过去已经发生的交易或事项所引起的，是现时存在的义务，须在未来某一时期偿还。企业预期在将来要发生的交易或事项可能产生的债务，不属于现时义务，不应当确认为负债。

第二，负债预期会导致经济利益流出企业。负债的实质是将来应该以牺牲资产为代价的一种受法律保护的责任。在履行现时义务清偿负债时，导致经济利益流出企业的形式多种多样，可以是现金或实物资产偿还债务，也可以是劳务清偿债务，还可以是将负债转为资本等。

第三，未来经济利益流出的金额能够可靠计量。凡不能以货币计量的经济责任不能确认为会计上的负债。

（三）所有者权益

所有者权益是指企业资产扣除负债后由所有者享有的剩余权益。公司的所有者权益又称为股东权益。所有者权益包括所有者投入的资本、直接计入所有者权益的利得和损失、留存收益等。投入资本是投资者实际投入企业经营活动的各项财产物资。

直接计入所有者权益的利得和损失是指不应计入当期损益、会导致所有者权益增减变动的、与所有者投入资本或者向所有者分配利润无关的利得或者损失。包括股本溢价、法定财产重估增值、接受捐赠的资产价值等。

利得是指由企业非日常活动所形成的、会导致所有者权益增加的、与所有者投入资本无关的经济利益的流入。

损失是指由企业非日常活动所形成的、会导致所有者权益减少的、与向所有者分配利润无关的经济利益的流出。

留存收益包括盈余公积和未分配利润。盈余公积是指按照国家有关规定从缴纳所得税后的净利润中提取的累计资金。未分配利润是企业留待以后年度分配或待分配的利润。

（四）收入

收入是指企业在日常活动中形成的、会导致所有者权益增加的、与所有者投入资本无关的经济利益的净流入。

收入具有以下特征：

第一，收入产生于企业的日常经营活动。企业日常活动是指企业为完成其经营目标而从事的所有活动，以及与之相关的其他活动。如商业企业的商品购销、产品生产企业制造与销售、金融企业从事贷款活动等。

第二，收入可能表现为企业资产的增加（如增加银行存款或应收账款），也可能表现为负债的减少（如以商品或劳务抵偿债务），还可能同时引起资产的增加和负债的减少（比如销售商品、部分货款抵偿债务、余款以现金的形式收回），但是其所发生的数额都必须能可靠地计量。

第三，收入能引起企业所有者权益的增加。不论收入是增加资产还是减少负债，根据"资产－负债=所有者权益"的会计等式，收入会使所有者权益增加。

第四，收入只包括本企业经济利益的流入，不包括为第三方或客户代收的款项，如代收的增值税、代收的利息等。代收款项不属于本企业的经济利益，它们发生时，会同时增加企业的资产与负债，并不能增加企业的所有者权益。

（五）费用

费用是指企业在日常活动中发生的、会导致所有者权益减少的、与向所有者分配利润无关的经济利益的总流出。

费用具有以下特征：

第一，费用是企业日常活动中发生的经济利益的流出，且流出额能够可靠地计量。费用和收入一样，产生于企业日常的经营活动，企业为获取收入，必然会发生费用，收入和费用相互配比，才会产生利润。

第二，费用可能表现为向所有者分配利润无关的经济利益的总流出。费用的发生会导致经济利益的流出，从而导致企业资产的减少，如生产产品耗用材料、支付水电费等；也可能引起负债增加，如期末应付未付的职工报酬、应交未交的税费等；还可能同时引起资产的减少或负债的增加。企业向所有者分配利润也会导致经济利益的流出，而该经济利益的流出属于所有者权益的抵减项目，不应确认为费用，应当将其排除在费用的定义之外。

第三，费用最终会减少企业的所有者权益。不论费用是减少资产还是增加负债，根据"资产－负债＝所有者权益"的会计等式，都会使所有者权益减少。

（六）利润

利润是指企业在一定会计期间的经营成果。利润是综合反映企业经营业绩情况的指标，包括收入减去费用后的净额、直接计入当期利润的利得和损失等。直接计入当期利润的利得和损失，是指应当计入当期损益、会导致所有者权益发生增减变动的、与所有者投入资本或者向所有者分配利润无关的利得或者损失。

第二节　会计确认

一、会计确认概述

"确认"一词在会计理论中被广泛使用，在财务会计框架结构中，确认对实现财务会计报告目标以及具体会计处理程序、会计政策选择等具有制约作用。确认是将某一项目，作为一项资产、负债、营业收入、费用等正式地列入某一个财务报表的过程。一个已被确认的项目，要同时以文字和数据来加以描述，其金额包含在报表总计之中。

　　会计确认是会计计量、记录和报告的前提条件，是会计循环的初始环节；会计确认的对象是会计对象要素，会计确认的归宿是财务会计报表。会计确认研究主要解决的问题是经济业务和经济事项是否进入会计系统的基本问题，其关键点是会计确认标准的选择。会计确认的后续问题是，如果经济业务和经济事项要进入会计系统，应在何时（确认基础）、多少（计量问题）、以什么方式（记录问题）输出会计系统（报告问题）。在此会计循环过程中，计算贯穿始终。

二、会计确认基础及选择

　　会计确认基础主要回答符合会计确认标准的经济业务和经济事项应在何时确认、确认什么为会计对象要素的问题。现行会计理论体系提供了两种会计确认基础，即权责发生制和收付实现制。

（一）权责发生制

　　权责发生制是为了达到其目标，根据权责发生制原则编制财务报表。按照权责发生制，要在交易和其他事项发生时（而不是收到或支付现金或其等价物时）确认其影响，而且要将它们列入与其相联系的期间的会计记录并在该期间的财务报告中予以报告。

　　权责发生制是配比原则等会计政策的基础，离开权责发生制，会计政策将不再存在。配比原则是权责发生制原则的具体应用，它是指费用应以发生的成本与特定收益项目的收入之间的直接联系为基础在收益表内予以确认。配比原则包括三层含义：一是因果配比，将收入与对应的成本相配比；二是时间配比，将一定时期的收入和同时期的费用相配比；三是会计计量属性相互配比，如收入计量属性采用产出价值（现行市价、可变现净值或未来现金流入量现值），而与之配比的成本费用若采用投入价值（原始成本或现行成本）就不符合配比原则，但现行会计理论却支持此种悖论的配比理论。

（二）收付实现制

　　收付实现制会计确认基础与权责发生制会计确认基础相对应，一般只用来确认收入与费用，所有收到的现金均为当期收入，所有支出的现金均为当期费用，无需对收入与费用进行配比。现金流量表的编制基础即为收付实现制。

在现实会计实务中，如果没有权责发生制会计确认基础，就不会存在债权债务等，与现实经济生活不符；如果没有收付实现制会计确认基础，商誉以及衍生金融工具也无法得到确认。可见，两种确认基础并存于会计实务中，不可偏废，问题的关键是如何寻找两者的结合点。会计确认基础的选择也是受会计目标约束的。不同会计信息使用者对会计信息的不同需求，意味着不同确认基础提供的会计信息资源。

会计确认基础的权责发生制和收付实现制主要是针对那些能够在财务会计报表中反映的会计事项；而会计实务的现实存有大量无法在财务会计报表中进行反映的事项。

三、会计确认的条件

（一）资产的确认条件

将一项资源确认为资产，除需要符合资产的定义以外，还应同时满足以下两个条件。

第一，与该资源有关的经济利益很可能流入企业。在现实生活中，由于经济环境瞬息万变，与资产有关的经济利益能否流入企业或者能够流入多少，实际上带有不确定性。因此，资产的确认还应与经济利益流入的不确定性程度的判断结合起来。如果根据编制财务报表时取得的证据，判断与资源有关的经济利益很可能流入企业，那么就应当将其确认为资产；反之，则不能确认。

第二，该资源的成本或者价值能够可靠地计量。可计量性是所有会计要素确认的重要前提，只有当有关资源的成本或者价值能够可靠地计量时，资产才能予以确认。

（二）负债的确认条件

将一项现时义务确认为负债，除需要符合负债的定义以外，还应同时满足以下两个条件。

第一，与该义务有关的经济利益很可能流出企业。在实务中，履行义务所需流出的经济利益带有不确定性，尤其是与推定义务相关的经济利益，通常需要依赖于大量的估计。因此，负债的确认应当与经济利益流出的不确定性程度的判断结合起来，如果有确凿证据表明，与现时义务有关的经济利益很可能流出企业，就应当将其作为负债予以确认；反之，就不符合负债的确认条件，不应将其确认为负债。

第二，未来流出的经济利益的金额能够可靠计量。负债的确认，在考虑经济利益流出企业的同时，对于未来流出的经济利益的金额，应当能够可靠计量。对于与法定义务有关的经济利益流出金额，通常可以根据合同或者法律规定的金额予以确定，考虑到经济利益流出金额通常在未来期间，有时未来期间较长，这时有关金额的计量需要考虑货币时间价值等因素的影响。

（三）所有者权益的确认条件

所有者权益体现的是所有者在企业中的剩余权益，因此所有者权益的确认主要依赖于其他会计要素，尤其是资产和负债的确认。所有者权益金额的确定，也主要取决于对资产和负债的计量。

（四）收入的确认条件

企业收入的来源渠道多种多样，不同收入来源的特征有所不同，其收入确认条件也往往存在差别。一般而言，收入只有在经济利益很可能流入，从而导致企业资产增加或者负债减少，且经济利益的流入金额能够可靠计量时才能予以确认。

（五）费用的确认条件

费用的确认，除了应当符合费用定义外，还应当满足严格的条件，只有在经济利益很可能流出，从而导致企业资产减少或者负债增加，且经济利益的流出金额能够可靠计量时才能予以确认。

（六）利润的确认条件

利润反映的是收入减去费用、直接计入当期利润的利得减去损失后的净额。因此，利润的确认主要依赖于收入和费用及利得和损失的确认，其金额的确定也要取决于收入和费用、利得和损失金额的计量。

第三节　会计计量

一、会计计量的基本要素

学界对会计计量的基本要素有不同的理论，主要有两要素观、三要素观、四要素观和五要素观。

（一）两要素观

两要素观认为，会计计量主要有两个构成要素：①必须有定量的财产或属性。②为定量该财产或属性所采用的尺度。计量是指为了在资产负债表和利润表内确认和列示财务报表的要素而确定其金额的过程，这一过程涉及选择具体的计量基础。计量包括计量属性和计量单位两层含义。

（二）三要素观

三要素观认为，一个完整的计量模式包括计量对象、计量属性和计量单位三个要素。

（三）四要素观

四要素观认为，会计计量是由计量尺度、计量单位、计量属性和计量对象所组成的一个系统。会计计量是指在一定计量尺度下，运用特定的计量单位，选择合理的计量属性，对符合会计要素定义的事项进行货币量化的过程，其目的是确保会计信息的可靠性和相关性。

（四）五要素观

五要素观认为，会计计量要素是由计量尺度、计量单位、计量属性、计量空间和计量时间五个要素构成。

两要素观作为会计计量的基本要素是恰当的：因为三要素观的计量对象在会计基本框架中自成体系，不能包含在会计计量理论中；四要素观中的计量单位和计量尺度虽存有差异，但两者在具体计量时不可分开使用；五要素观中的空间和时间要素属于基本会计假设范畴，对会计计量会产生影响，作为会计计量要素有点勉强。

二、会计计量单位

财务资本保全的计量，可以用名义货币单位或固定购买力单位。所谓名义货币单位（或面值货币单位），是指以各国法定流通货币的名义货币单位作为会计计量单位。所谓固定购买力单位（一般购买力单位或不变货币单位），是指对名义货币按一定时日的一般购买力（物价指数）调整换算后作为会计计量单位。其目的是使会计系统提供的信息建立在同一计量单位基础上，提高会计信息有用性。

在现行会计实务中，财务报表以名义货币单位为计量尺度，即货币购买力随着时间的推移而发生的变动不予调整。理想的计量尺度是随时间流逝而稳定不变。一般购买力的变动（通货膨胀或紧缩）率低时，名义货币单位是相对稳定的。而且计量尺度为名义货币单位时，比之用其他单位计量，如一般购买力不变单位（例如，在补充资料里交代物价变动的影响）、虚拟的货币单位（例如，欧洲货币单位，简称 ECU）或商品单位（例如，黄金的两数），编制和使用财务报表均较简单。然而，一般购买力变动率越是增大，用名义货币单位表述的财务报表，其可比性和有用性就越减弱。如果会计计量的目标是编制财务会计报告，则名义货币单位和固定购买力单位能够满足会计实务之需要。

会计定量最常用的是以单一数值作为计量，即采用时点决定值或确定性决定值来进行计量。会计计量单位应该以系统的形式，即采用一组或若干计量单位来处理各种不同的计量指标。在会计处理的经济业务或事项以一个以上的价值形式进行计量时，可采用"范围"或"区间"估计数进行计量。运用统计方法严格计算出"区间"范围和幅度，也应属于会计人员的职能范围。会计的发展，不应该落后于经济学和管理技术发展的步伐，这就需要广泛地运用定量方法。

会计领域逐渐向社会非经济领域渗透，拓宽了会计的研究空间，如人力资源会计、环境会计等，会计计量单位也相应进行拓宽。可以采用以行为产生的经济效益和社会效益为定量基础的抽象虚拟货币作为计量单位，如"观念货币"或"概念货币"。

三、会计计量属性

计量属性是指被计量客体的特性或外在表现形式。会计计量属性是指用货币符号对各会计对象要素进行量化表述的信息。

会计计量属性主要包括以下几点：

第一，历史成本。在历史成本计量下，资产按照购置时支付的现金或者现金等价物的金额，或者按照购置资产时所付出的对价的公允价值计量。负债按照因承担现时义务而实际收到的款项或者资产的金额，或者承担现时义务的合同金额，或者按照日常活动中为偿还负债预期需要支付的现金或者现金等价物的金额计量。

第二，重置成本。在重置成本计量下，资产按照现在购买相同或者相似资产所需支付的现金或者现金等价物的金额计量。负债按照现在偿付该项债务所需支付的现金或者现金等价物的金额计量。

第三，可变现净值。在可变现净值计量下，资产按照其正常对外销售所能收到现金或者现金等价物的金额扣减该资产至完工时估计将要发生的成本、估计的销售费用以及相关税费后的金额计量。

第四，现值。在现值计量下，资产按照预计从其持续使用和最终处置中所产生的未来净现金流入量的折现金额计量。负债按照预计期限内需要偿还的未来净现金流出量的折现金额计量。

第五，公允价值。在公允价值计量下，资产和负债按照在公平交易中，熟悉情况的交易双方自愿进行资产交换或者债务清偿的金额计量。企业在对会计要素进行计量时，一般采用历史成本，采用重置成本、可变现净值、现值、公允价值计量的，应当保证所确定的会计要素金额能够取得并可靠计量。

四、会计计量属性比较分析

不同会计计量属性是为满足信息使用者不同的需求而存在和发展的，具有各自的特点和局限性。

1.历史成本

历史成本的优点是由于历史成本是在市场交易中由买卖双方客观确定的，因而具有客观、可靠、可验证和操作性强的特征。同时，它与传统的配比观念一致，收益决定相对简单，其计量的实践经验和理论也很丰富。因此，在会计实务中，历史成本是最基本的会计计量属性。历史成本的缺点是：首先，非货币性资产是按历史成本入账，货币性资产则按现行市价或现值入账，使资产负债表中的计量属性缺乏逻辑一致性；其次，资产负债表中的资产计价是各个不同时期取得成本的杂合，也不具备理论上的可比性；最后，在物价变动明显时，其可比性、相关性下降，收入与费用的配比缺乏统一性，经营业绩和持有收益不能分清，不能有效地保全资本，财务报告也难以真实揭示企业的财务状况。

2.现行成本

现行成本的优点是：能在实物资本保全前提下，避免因价格变动的虚计收益，反映真实财务状况，客观评价企业的管理业绩。现行成本的缺点是：主观性较强，方法烦琐，并难以适应某些专用设备的计量要求等问题。同时，现行成本也不能消除货币购买力变动所带来的影响，无法以持有资本的形式解决资本保值问题，使以后的生产能力难以得到补偿。尽管如此，按现行成本计量，能保证会计收益与经济收益趋于一致的这一特点，决定了它仍被认为是最合理的通货膨胀会计模式。

3.现行市价

现行市价的优点是：由于现行市价计量属性是根据现行市价立即确认收益以清除费用分配上的随意性，它较之历史成本和未来价格，能更好地实现可靠性与相关性的配合。同时，它作为资产的现实价值与决策的相关性较强，能更好地评价企业的财务应变能力。现行市价的缺点是：它无法反映企业预期使用资产的价值，因为并非所有资产、负债都有变现价值。同时，它也违背了持续经营假设，而主观假定企业随时处于清算状态，故只能适用于短期证券投资等特殊项目的计量。

4.可变现净值

可变现净值的优点是：能反映预期变现能力，体现稳健原则，并与决策更为相关。其缺点是：可变现净值认为利润是期末资产与期初资产的差额，从而否定了传统意义上的收入确认原则和配比原则。因此，它不适用于所有资产，其使用范围也被限定在为出售而持有的某些资产项目上。

5.未来现金流入量现值

未来现金流入量现值的优点是：由于考虑了货币时间价值，所以与决策的相关性最强。其缺点是：未来现金流入量现值是不确定的，使其与决策的可靠性最差，故只可用于某些金额已确定但需在未来履行的特殊项目的计量，如应收票据、长期应付款等。

五、会计计量属性的选择问题

由于各种计量属性各有利弊，并有特定的适用范围和前提条件，所以要对会计计量属性进行最优选择，不仅在理论上存在很大的分歧，在具体操作上也存在许多问题。在各国会计实务中，多种会计计量属性并存的本身，也从一定意义上说明了这一点。选择是一个权衡利弊、趋利避害的过程。针对一项具体经济交易，究竟采取何种属性予以计量？为什么选择该种属性予以计量？首先应考虑的是会计计量属性的质量特性。目前，会计计量属性的质量特性主要有相关性、可靠性、一贯性、可比性、可理解性、经济性等，这些质量特性既相互联系，又有冲突。其中，可靠性和相关性是会计计量属性选择中的一对主要矛盾，并贯穿选择过程的始终。在五种计量属性中，历史成本反映过去，现行成本、现行市价反映现在，可变现净值和未来现金流入量现值反映将来，从过去到将来，五种计量属性可靠性依次减弱，相关性依次增强。基于各种计量属性都有着客观存在的合理现实依据，会计计量属性在可靠性与相关性之间权衡，并非选择某种计量属性作为单一计量属性，而是要解决谁主谁次的问题。

现行市价，通常是指某些特殊资产项目，并不具有广泛的适用性；可变现净值仅仅强调资产的可变现价值，在正常经营条件下，企业并不会常常发生资产变卖，因而其现实意义也受到一定限制；至于未来现金流入量现值，它也只大多用于计算投资收回和进行基建项目的可行性研究。因此，以上三种计量属性与实际经济生活相去甚远，只能在特定的环境、特别的条件下使用在个别的资产或负债上，目前仅可作为一种计量属性，而非计量基础。

很显然，理论上的争论和现实中的选择主要集中在历史成本与现行成本两种计量属性上。从两种计量属性的利弊来分析，争论的焦点又主要表现为是提供事实性信息，还是提供目的性、相关性信息上。同时，它又与经营责任学派、决策有用学派两种不同的财务目标有关。因为会计目标是会计信息系统的运行方向，不同的目标要求选择不同的计量属性作为计量基础。但是，在现实经济发展中，又很难将会计目标和会计计量进行直线联系，并进行一一对应的选择。所以，对于会计计量属性的选择，一方面，应坚持以历史成本作为会计计量的基础；另一方面，应以现实经济生活中对会计信息的需求及会计目标为前提来构建计量模式。只有使多种计量属性共存并相互配合，才能够实现会计多元化目标，满足各方面会计信息使用者对多元化会计信息的需求。

六、会计计量模式及选择

特定会计计量单位与计量属性相组合构成特定的计量模式。从理论上讲，由于会计计量客观存在两种计量单位和五种计量属性，所以它们之间不同的可能性组合，可以形成十种不同的会计计量模式，即：①历史成本/名义货币单位模式；②现行成本/名义货币单位模式；③现行市价/名义货币单位模式；④可变现净值/名义货币单位模式；⑤未来现金流入量现值/名义货币单位模式；⑥历史成本/一般购买力单位模式；⑦现行成本/一般购买力单位模式；⑧现行市价/一般购买力单位模式；⑨可实现净值/一般购买力单位模式；⑩未来现金流入量现值/一般购买力单位模式。

由于不同的会计计量模式，在计量方法与技术及有关会计原则上有所不同，所以在会计实务中，选择合理的会计计量模式应考虑以下几个因素：①外部经济环境，主要指物价、币值是否相对稳定；②会计目标的确定，如是提供决策有用信息，还是提供受托责任信息；③会计计量在经济管理中的需要程度；④会计计量技术手段的发展水平。

由于传统财务会计是以向外界提供客观、公正的描述所依存主体的经济活动为目标，同时也正是由于受上述因素的影响和制约，所以历史成本/名义货币单位模式才长期流传，并广泛使用，至今仍是财务会计最基本、最主要的会计计量模式。与此相对应的则是在通货膨胀条件下，逐步形成历史成本/一般购买力单位模式、现行成本/一般购买力单位模式等会计计量模式，促使了会计计量模式向更加系统完善的方向发展。

参考文献

[1]陈建明.经济管理与会计实践创新[M].成都：电子科技大学出版社，2017.

[2]天津财经大学会计与财务类专业建设组.会计与财务类专业建设的理论与实践[M].天津：南开大学出版社，2017.

[3]郭莹，高春侠，谷胜男.经济法理论与实践创新[M].成都：电子科技大学出版社，2017.

[4]李定清，曾林.现代财务与会计探索 第4辑[M].成都：西南交通大学出版社，2017.

[5]倪向丽.财务管理与会计实践创新艺术[M].北京：中国商务出版社，2018.

[6]朱伏平，杨方燕.经济管理[M].成都：西南交通大学出版社，2018.

[7]郭泽林.新形势下企业经济管理的创新策略[M].北京：九州出版社，2018.

[8]倪向丽.财务管理与会计实践创新艺术[M].北京：中国商务出版社，2018.

[9]宋文娟，许亥隆，查贤斌.成本会计实践研究[M].长春：吉林人民出版社，2018.

[10]吴应运，刘冬莉，王郁舒.财务管理与会计实践[M].北京：北京工业大学出版社，2018.

[11]郭永清.管理会计实践[M].北京：机械工业出版社，2018.

[12]马文艳.财务管理与会计实践应用[M].长春：吉林教育出版社，2018.

[13]黄辉.会计信息系统实务教程：第2版[M].沈阳：东北财经大学出版社，2019.

[14]王宛濮，韩红蕾，杨晓霞.国际贸易与经济管理[M].北京：航空工业出版社，2019.

[15]刘春姣.互联网时代的企业财务会计实践发展研究[M].成都：电子科技大学出版社，2019.

[16]李延莉.小企业财务会计理论与实践[M].北京：中国书籍出版社，2019.

[17]罗玉婵.经济管理与会计实践创新研究[M].西安：西北工业大学出版社，2020.

[18]王道平.企业经济管理与会计实践创新[M].长春：吉林人民出版社，2020.

[19]刘静，田世晓."十三五"规划教材 会计系列：财务管理[M].上海：立信会计出

版社，2020.

[20]席蕊.财务管理与会计实践研究[M].天津：天津科学技术出版社，2020.

[21]王玲芝，刘红侠.多元视角下的经济管理原理与实践探索[M].北京：中国财政经济出版社，2020.